新和印象

XINHE YINXIANG

民风民俗 MINFENG MINSU

千秋家国 QIANQIU JIAGUO

古韵今风 GUYUN JINFENG

城关旧事 CHENGGUAN JIUSHI

乐器村庄 YUEQI CUNZHUANG

田园春秋 TIANYUAN CHUNQIU

发现之旅 FAXIAN ZHILÜ

歌舞之乡 GEWU ZHIXIANG

新疆人民出版社

图书在版编目(CIP)数据

新和印象 / 新和县委外宣办编.—乌鲁木齐：新疆人民出版社，2010.1
ISBN 978-7-228-13043-6

Ⅰ.新…　Ⅱ.新…　Ⅲ.新和县-概况　Ⅳ.K924.54

中国版本图书馆 CIP 数据核字(2009)第 242572 号

出　版	新疆人民出版社
地　址	乌鲁木齐市解放南路 348 号
邮　编	830001
制　作	乌鲁木齐捷迅彩艺有限责任公司
印　刷	新疆一龙印刷有限公司
开　本	889×1194　32 开
印　张	5.25 印张
字　数	100 千字
版　次	2010 年 1 月第 1 版
印　次	2010 年 1 月第 1 次印刷
印　数	1-3 000 册
定　价	30.00 元

>>> 序一

韩子勇

新疆在中国,可能是自然地理、历史文化、民间生活最多样的地方。

这多样,不是凑在一团、挤成一堆,里三层、外三层,千迴百转、柳暗花明,玲珑剔透、复杂透顶。

这多样,是太阳之下、大地之上,天南地北、海阔天空,不慌不忙散开来,一直到相互看不见,舒展放松、悠闲慵懒、躲猫猫般各居一处。也因为大、空旷、无限,就那么大大咧咧、随意自然地露天摆着。

这多样,因太大而无法集合一处,因太杂而无法列队点名稍息立正,因太过辽阔而领有一份独处的寂寞……谁能够在昆仑之上,再放上天山、阿尔泰山呢?谁又能在塔里木盆地里,再摞上准噶尔盆地、吐鲁番盆地呢?——尽管昆仑底座够宽,尽管塔里木容量够大。

既然上天已经让星星点点的绿洲永远挨着无垠的沙漠,让冰山雪水千里迢迢赶赴塔克拉玛干大沙漠的约会,让盐渍砾漠披一袭沙枣花浓郁得化不开的芬芳,让歌舞骏马在山谷和高原的草尖颤动,让奇花异果迎接丝绸古道上不绝如缕的商贾豪客,让各民族兄弟姐妹千百年来在一起生活,我们就不好再要

作者系新疆维吾尔自治区文化厅党组书记、第二届鲁迅文学奖获得者

求更多。

说起新疆，有时候，显得断断续续、不够连贯有序。显得空、不知从何说起。显得辞不达意、云里雾里，无法如数家珍、娓娓道来、一口气说完，那也很正常。新疆的本质是新奇：她太大，永远有你没去过的地方；她太庞杂，永远有你说漏了的线索；她太远，不可能让你一眼看透；她太丰富，没办法“吃不了、打包带走”。她甚至——无法拥抱，当然更难割舍。她的生与死、热情与冷漠、雄伟与飘渺、天国与尘世……如泡如影、如露如电，如岩石般暴晒裸露、真实新鲜。这繁荣热闹的市镇，这荒凉岑寂的沙漠——哪一个，才是真实？

尽管偏僻透顶，新疆可不是小地方。它处于欧亚大陆的腹地，在这个大块头腰围最粗的地方。帕米尔是它的高额，天山和昆仑是它伸向东方的巨臂，低于海平面的世界第二低地——艾丁湖，是它深陷的肚脐眼儿……新疆如此之大，然而，要走进去、找到她，只能是遥遥无期的漫漫长旅。

新和县位于古代西域龟兹，今天新疆阿克苏地区，历史文物富集，民间生活生动，自然地理和经济潜力跃然而出，《新和印象》这本书，以轻松的笔触，流泻新和之爱。我拗不过县上同志的执着，试为一序，原意也是为将来多到新和走一走、看一看，先预设一个小小的理由。

2009年12月25日

>>> 序二

马国强

新和地处新疆南部、塔里木盆地北缘。这个边陲小县,没有夺人的美。山不奇巧,水不壮丽。它如此平凡,无浮华之气;不加修饰,却自成风景。

正是这个边陲小县,却是国家“西气东输”主气源之一的所在地。或许因为“西气东输”工程,让内地很多人记住了这个地方。人们再也无法忽略、无法忘记这个叫新和的地方。

然而,最值得人们驻足、观望和回味的东西还是新和丰厚的文化资源。它的恢弘大气,在漫漫的岁月长河里,构成一道独特的炫目的风景。

中华民族最激荡心魄的光荣与梦想,曾在这里散扬。金戈铁马、响遏行云的史诗记忆仍然鲜活地存在这里。“退保龟兹”后的西汉都护府移至这里,西汉第十八任都护李崇在这里坚守八年。“不入虎穴、焉得虎子”的英雄班超在这里度过十二年戎马生涯。风雨如晦,鸡鸣不已……在维护祖国统一、抵御外侮、反对国家分裂征程中,新和人更是名垂史册,功不可没。

这里的“热海道”还是古丝绸之路上最有名也最繁忙的一条大道。这方水土曾滋养过著名佛学大师、佛经翻译家鸠摩罗什,唐玄奘曾在这里讲经诵佛,民族英雄林则徐曾在这里听曲赋诗……

就凭着这浓郁的文化气息,在中华民族精深广博的历史脉络

作者系新和县委书记

中，留存于新和境内的数万公顷“汉唐屯田遗址”，无时无刻不在闪耀着绵延不绝的中华文明的万丈光芒，无时无刻不在印证着这里自古就是伟大祖国不可分割的一部分。其“基尼斯”世界之最的认定，触摸到了新和的桑梓情怀。古城、石窟、佛寺、烽燧、古道、关隘……如星辰闪烁，熠熠生辉，在古老土地上鳞次栉比、首尾相连，叠映出不同的文化变迁和历史风物。《贾耽四道记》中的“白马河”、《新唐书地理志》记载的“唐安西柘厥关”、历经沧桑的羊达库都克烽燧、胡杨沟里的负石飞天僧人、裙裾飞扬的龟兹乐舞、绝唱千古的乐器村庄、神奇的科克阿斯曼峡谷、遥远的太太尔盆地，都无一例外地丰富着铺陈在新和大地上的这条色彩斑斓的织锦上的线条和纹饰。

今天的新和，俨然是国家重要的油气新区，新疆重要的粮、棉、畜、林果生产基地，新疆重要的交通枢纽和区域性物流中心。山河岁月，草木枯荣……《新和印象》一书，是一扇能够看见不同风景的窗户，从新和的历史变迁和风物地貌、新和的变化和崛起等不同角度，呈现给大家一个丰富多彩的独特新和。

>>> 目　录

> > > 目　　录

● 发现之旅

● 乐器村庄

● 歌舞之乡

民风民俗

田园春秋

古韵今风

千秋家园

新和，值得期待

马国强

新和，一个正在崛起的地方。

人与自然和谐相处，经济富裕，文化程度高，才能如斯谈论一个地方“崛起”。

“初生之物，其形必丑。”任何地方的发展都不可能一开始就十全十美，必须经过几番艰苦奋斗才能走上和谐并存、协调发展的康庄大道。应该肯定的是，进入新世纪以来，处于环塔里木盆地的新和县就有不俗的表现。

特别是这几年，随着南疆战略地位的提高，环塔里木盆地经济圈的发展逐步被重视。这个经济圈是新疆继天山北坡经济带之后第二个经济增长极已毋庸置疑。与此同时，新和也不失时机地扩展着她在环塔里木盆地的影响力。

新和，这颗天山南麓渭干河畔的璀璨明珠，不动声色地，用其夺目的光为中国的深邃博大作了最佳的注脚。张骞、李崇、班超、玄奘、绛宾、鸠摩罗什、汉都护府、它乾城、柘厥关、龟兹乐舞、科克阿斯曼古道，还有在托玛借宿过的林则徐……别的不说，单是这些作为解读一个地方久远的辉煌的文明的符号，已经化成一棵枝桠茂密的大树，枝上又生根，许多根一直垂到地上，进了泥土里，又悄然伸向东南西北世界不同地域。那脉动的部分，舒缓又热烈，真实而持久。

班超无疑是伟大的，是可敬的。“不入虎穴，焉得虎子”这个用来说明人们做事，如果不下决心、不身历险境、不作艰苦努力，是不能成功的典故，点燃了多少无法抑制的激情。正是新和的一方水土，成就了书生班超在这里十二年的戎马生涯。中国历史之中，文人用兵而能功成者寥若晨星。班超显然是个例外，他的功绩是划时代的，也照亮了中华民族漫漫的历史天空，成为中国千百年来文人士子的终极理想。而他的坚韧与果敢，勇气与激情，巨浪般翻卷出来，腾挪跌宕，波澜壮阔，又仿佛一下子凝固、定格成了新和的根和新和精神。

岁月匆匆走过。每个地方都要从经济落后的社会转型变为发展的较为富裕的社会；有些地方很顺利，有些地方则迂回曲折。在后发展的县份里面，新和需要不断推陈出新，呈现出自己最光彩的华章。

新和，值得期待。

当然，一切还需要磨砺。以发展农副产品深加工、油气化工和棉纺产业为主的工业基地，新疆重要的粮、棉、畜、林果生产基地，新疆重要的交通枢纽和区域性物流中心，新疆重要的旅游目的地，都将会在这片土地上逐步形成。

这一切发生在新和的新起点上，要拜改革开放之赐，要靠各族人民勤奋之力。没有持续开放的意识，没有不间歇的铿锵脚步，就不可能有人们可以感觉和触摸到的进步。

一个在开放发展道路上继续行走的新和，虽然可能并不完美，但却很真实。也因为还在持续开放发展，她才会在彻底甩掉若干羁绊之后，能够迈向更有希望的未来。

新和“汉唐屯田遗址”获基尼斯之最

杨继春

2009年11月28日上午，新和县委书记马国强从上海大世界基尼斯总部代表手里接过“新和汉唐屯田遗址”获基尼斯世界之最的匾牌。至此，新疆历史遗址中又多了一个基尼斯记录。

新和县素有“汉唐重镇、龟兹故里、班超府治”的美誉。两汉至隋唐时期，中央政府都曾将西域都护府及军事重地设于新和，这里一度成为整个古代新疆的行政和军事中心。东汉著名政治家、军事家班超，东

汉时期西域都护李崇都曾在这里任过要职。

新和汉唐遗址面积10万亩，包括“一关、三城、二窟”，即唐代安西拓厥关；通古孜巴什古城、龟兹它乾城、玉奇喀特古城；托乎拉艾肯石窟、库木吐拉石窟。这些历经上千年的古代遗址至今保存完好，成为研究新和和新疆历史的最好物证，它也从另一个方面再次证明了新疆自古以来就是我国不可分割的一部分。另外，新和县塔什艾日克乡的音乐和舞蹈、依其艾日克乡加依村的民间乐器也是新和县非物质文化遗产的重要部分。塔什艾日克乡还被命名为“中国民间文化之乡”，依其艾日克乡加依村民族乐器制作被列入第二批国家级非物质文化遗产名录。

近年来，新和县紧紧抓住龟兹旅游金三角中心的地域优势，大力实施“文化兴县”战略，加大对历史遗址的保护开发力度，重点打造和推介“一关三城二窟一村一舞”景点，着力开发汉唐重镇文化、屯田文化、龟兹文化观光旅游和特色民俗旅游，初步形成了县城各文化景点的旅游开发线路。

新和，一个让人留恋的地方

刘　枫

金秋10月，记者来到曾是丝绸之路上古龟兹国咽喉要道的新和县。沿着却勒塔格山峡谷“骆驼脖子”弯道一直向东，就看到了渭干河的源头。这里山形逶迤、峰峦叠嶂，瀑布似银，当旁边的库木吐拉电站开闸冲沙时，涛声阵阵，飞流直下。

渭干河在古代很有名，北魏郦道远所著的《水经注》中称之为“龟兹西川水”，唐代地理学家贾耽写的《贾耽四道记》中又称它为“白马河”。

第一次到新和的我，仔细走过一遍后，才发现这是一个让人留恋的地方。

历史上的新和与库车、沙雅等邻近的三县同为古代西域龟兹国的中心，从县境内现在保存的古代遗址来看，历史文化十分悠久。这些古

迹不但反映了史前文明到公元前60年西汉在西域设立的西域都护府，历东汉、三国两晋南北朝、隋唐等各时期历史情况，而且也显现出这里在连接古代欧亚不同类型的文明上，是一个中西经济贸易往来的枢纽和文化的荟萃之地。经中外考古学家确认，新和的古文化遗址共有54处。

雄关扼渭水

车驶出新和县城17公里处，库木吐拉电站渭干河河口，有一个遗址群——大唐安西柘厥关。

该遗址群用土坯筑成，周围断墙约有3米高，中间尚存留一座8米高的关城建筑，底部约7米，顶部已残毁。1928年，我国著名考古学家黄文弼教授曾在此考古。1986年，原新疆考古所所长王炳华在此，并确认此处是《新唐书地理志》所记载的"唐安西柘厥关"。1993年，新和县在此建了一座大理石纪念碑，我国著名书法家赵朴初先生题写了碑铭。

据历史记录，唐安西柘厥关，是在唐代从长安至中亚呾罗斯城(即今吉尔吉斯斯坦江布尔市)"丝绸之路"，天山南路北道上的咽喉。唐朝建立之初，曾两度于龟兹打败西突厥中的反叛势力。为了防备西突厥骚扰安西，保证"丝绸之路"的畅通和西域各族人民的安全，遂于公元648年，将安西都护府从高昌移至龟兹之后，建立此关。

此时，一缕夕阳照在黄褐色的高塔上，是那样的伟岸，像一个挺立的哨兵，真有点"一夫当关，万夫莫开"的雄气。它是那样的神秘，沉默了千年，也许它过去曾经辉煌过，但时间却留给我们只是一片废墟和一座残塔。

当我们离开的时候，每个人脸上都有一种圣洁的神色。

故城论英雄

龟兹它乾城位于距新和县玉奇喀特乡政府约20余公里的荒漠处，

《后汉书》称为乾城；黄文弼先生在《考古记》中称“大望库木城”，系汉代遗址。他在《考古记》中写道:“红柳拓蒿与沙、阜相间杂，大望库木即在沙阜错丛中。北距额齐勒克故城约10公里，城墙遗址已不可见，唯见土阜高处，四周散布瓦砾甚多，小铜钱布散极广，但遗址分布规模甚大。”

80多年前，黄文弼先生来此地考古，发现了大量的珍贵文物，仅古钱币就出土了3000余枚，除了大量的汉唐钱币外，还有不少汉龟二体钱。经考证，这是一处自汉至唐屯垦戍边的军事遗址。

站在故城前，人们惊奇地发现城门不是直开的，而是侧开，并呈“之”字形。县里干部刘金明为我们解开了这个谜:这与古代龟兹建筑风格和实际功能有关，如果门是直开的，狂风和敌军来时，连关门都来不及；用“之”字形，既挡狂风，又能起二道门抵敌军的作用。

据史料记载，汉永元三年(公元91年)，班超因军功拜为西域都护，驻龟兹它乾城。汉永元六年，班超率领龟兹、鄯善诸国兵力七万人大败反叛的焉耆，生擒焉耆王广、尉犁王汎。讨平焉耆后，“西域五十余国皆平”。第二年，功勋卓著的班超被汉和帝诏封为“定远侯”。

班超经略西域30余年，在龟兹它乾城任都护12年，从公元91年到102年返回洛阳。这十多年他以乾城为中心，东安焉耆，南平莎车、疏勒，保证了整个西域各族人民的平安。

岁月沧桑。风沙把故城吞噬了，却抹不去英雄的足迹。站在故城墙下，我们仿佛听见战鼓擂响故城，仿佛看见班超领军厮杀在战场……

风旋起一股沙柱，冉冉升腾，像一位披发行吟的边塞诗人，独步在黄昏中，用远古式的冥想默默地移动，带着一种大彻大悟的自信，一种殉难者的崇高和悲壮，仿佛面对的不是遗落的故城，而是一片辉煌的息壤。

洞窟唱汉风

弯弯曲曲的渭干河，牵引着人们来到东岸的库木吐拉洞窟。我曾去过敦煌洞窟看过“飞天”；也曾去过克孜尔石窟，欣赏西域文化，当我第一眼看到库木吐拉洞窟时，我完全被它雄奇的汉风所震撼了。早在许多年前，这里就被列入全国重点文物保护单位，是丝绸之路上最为重要的一处佛教遗址。

沿着渭干河自北向南，在长达数百公里蜿蜒曲折的却勒塔格山谷中，分散着大大小小的洞窟群，多数洞窟凿在河东岸一侧，是毗邻成组开凿的。我们沿山梯攀到崖壁上的一个洞窟，上面标着45窟。借着考古专家李丽手中的手电筒，我们看见此窟为中心柱窟，主室高大，窟顶作纵券形。正壁大龛内有身光、头光残迹，龛内两侧壁内为菱格图案。

李丽介绍说，这是龟兹地区出现的带有强烈中原汉族文化色彩的洞窟。它既保持着原有的龟兹石窟形制的某些特征，又在壁画题材、构图、装饰等手法和内容上含有中原佛教艺术的因素。这种现象，应是中西文化交流、汇合的结果。

在已经发现的80余个石窟中，汉风洞窟32个、龟兹风洞窟16个，其他属僧房。由此可得出结论：汉风洞窟占五分之二，这表明汉风洞窟的数量超过龟兹窟的数量。

这类汉风洞窟和典型的龟兹风格洞窟，有着非常明显的区别，属于汉族佛教艺术的系统，它是在特定的历史条件下产生的。

在现场，我们从考古专家口中了解到，库木吐拉石窟的规模，仅次于克孜尔石窟。两处石窟虽同属龟兹佛教遗迹，但库木吐拉石窟年代要晚于克孜尔石窟，延续凿窟的时间较长，保存至今的龟兹晚期的石窟较多。尤其是库木吐拉石窟中遗存数量可观的汉风洞窟，更是克孜尔石窟所没有的，十分的引人注目。

令人遗憾的是，二十世纪初叶，一些外国探险家乘虚而入，不择手断地切割盗窃，使壁画残缺不全。

尽管如此，这一坐落在却勒塔格山中的石窟，位于佛教文化和龟兹文化的交汇地，给人一种神秘感、历史感和时空厚重感。

裸露在新和的汉唐屯田遗址

李桥江

近年来，新和县对其境内的汉唐屯田遗址进行了广泛调查，在原有历史记载外，先后又发现了一系列新的遗址和遗迹。2009年，该县以“汉唐屯田遗址规模最大县”之名申报了“大世界基尼斯”纪录，人们不禁把好奇的目光投向塔里木盆地北缘这片神秘的土地。

奇怪地貌

我曾经数次走进新和县及其周边遗址，其中，唐代古城通古孜巴

什古城和塔什吐尔烽燧之间一段奇特的地形地貌最有趣。当然，通古孜巴什古城四周的环境同样耐人寻味。

通古孜巴什古城周围是一片高2米的红柳地，同时，伴生有骆驼刺、花花柴（胖姑娘）等茂密的荒漠植被。茂盛的植被虽然遮蔽了通古孜巴什古城周围的地表，影响了人们的视线，但穿过古城南面的红柳林，在古城和塔什吐尔烽燧之间裸露的地表则暴露出这片土地的曾经。

通古孜巴什古城的东南方向，大地变成土包（雅丹）林立，地表凹凸不平。继续前行，大地似乎被修整过，成了平整的平地。最初见到这种景象，我很纳闷，怎么会这样呢？

第二次从通古孜巴什古城前往塔什吐尔烽燧，我邀请新和县文物管理局干部同行，荒野中这片平地的秘密随即被解开了：这里是古代大规模屯田留下的耕地遗址。

通古孜巴什遗址和塔什吐尔烽燧之间的地形总体为雅丹地貌，屯田遗址区域没有隆起的土包，土壤色泽与其他原始土壤也有明显区别。还有一点很关键，现代研究认为，原始地表植被遭到破坏之后，需要漫长的时间才能得到恢复，何况是在干旱的塔里木盆地。专家们由此推断，雅丹地貌中出现的大面积平地，无疑就是古代耕地遗址。新和县与沙雅县交界处荒原上一段被称为“汉人渠”的古渠道，则进一步证明了这一代曾经为汉唐屯田之地。

通古孜巴什遗址曾出土唐朝大历年间的残纸、李明达借粮契、白苏毕梨领屯米状、太元铜钱等文物以及相关史料文字。1993年前后，该遗址出土古钱币3000余枚，钱币年代从汉唐直至明清，证实了该古城曾长期繁盛。

著名考古学家黄文弼认为该城是唐代城垣，他在《塔里木盆地考古记》中这样记录：其墙址均为土砖所砌，有开元钱币散布，陶片亦属于唐代，则此一带遗址，时代可能相当于唐，而以通古孜巴什为一政治中心区。

凿空之举

西汉初期，游牧在蒙古高原的匈奴各部，进入冒顿单于时期，匈奴建了一个强大的游牧王国。此时，立脚未稳的西汉朝廷对匈奴采取了和亲策略。经过前朝皇帝的经营积蓄，到汉武帝时，汉已经具备了与匈奴决战的实力。于是，战争不可避免地发生了。

公元前54年，匈奴呼韩邪单于降汉，塔里木城邦三十六国即直接处于汉朝统治之下。西域都护府建立，郑吉为首任西域最高民事和军事长官。此时匈奴势力依然很强大，完全依靠城邦小国的军事力量抵御匈奴的入侵是不够的，汉朝政府开始在西域驻扎武装力量。一个非常现实的问题出现了，驻扎部队的给养如何解决呢？

现有资料显示：为了解决粮食供应问题，避免越过戈壁沙漠运送物资，汉廷在西域采取了屯田政策。汉武帝时开始屯田于轮台和渠犁。最初只有田卒数百人。昭帝和宣帝时期，屯田于伊循城（今若羌县）、车师（今吐鲁番）、赤谷（今伊塞克湖）和罗布泊西北岸。此时屯田规模和兵员大幅增加，其中，轮台屯田兵员就有1500人。

东汉初期，班超走上历史舞台。班超在西域活动达30余年，对汉廷在西域的屯田功不可没。

汉代屯田遗址不仅在新和可见，在轮台、沙雅、若羌以及罗布泊附近同样可以看到。罗布泊北岸土垠遗址曾发现不少汉文木简，年代始于公元前一世纪下半叶，简文内容大部分与屯田有关，反映了屯田部队的组织等多种情况，从简文可知屯田士兵来自内地各处，携带家属，在西域长期生活，一方面从事农业劳动，另一方面执行军事任务。这些屯田区域逐渐发展，成为西域固定的汉人居住地。

葡萄美酒

在通古孜巴什古城距离塔什吐尔烽燧约一公里处，细心的人会发现一些没有被流沙覆盖的地表，裸露着一些风化了的枯枝。

2005年12月，自治区考古研究所研究员张平等人，对裸露在地表的枯枝进行研究发现，这些枯枝竟然是唐代葡萄藤，流沙掩埋的区域

则是一个被沙漠埋藏了上千年的唐代葡萄园。

唐代是我国封建社会的鼎盛期，贞观二十二年(647年)，唐于龟兹置安西都护府统于阗、碎叶、疏勒、龟兹。唐代安西都护府对西域长达150年的经营，使得丝绸之路贸易达到了最好时期，同时，西域屯田以及经济、文化也达到了历史最好阶段。

唐玄宗开元之后，士卒继续在西域屯田，出现了“轮台，伊吾屯田禾菽弥望”的兴旺景象。随着屯田规模的不断扩大，大批士卒与当地民族交往密切，中原地区先进的农业技术传入西域。文献记载，秦汉时期，各类铁制农具在中原已经普遍使用。进入汉代，牛耕已经基本定型，冶铁业的发展，为铁制农具的大量推广使用创造了前提。水利灌溉和牛耕以及铁制农具的推广应用，使得西域农业生产迅速得到发展。

作为安西都护府所在地，新和大地肯定也出现了粮食富余情况。于是，适当减少粮食种植面积势在必然。这种现象似乎与我们熟悉的现代农业生产结构调整一样，屯田士兵肯定在种植品种方面进行了相应调整，同时，将剩余的粮食进行某种转化利用。

《旧唐书·西域传》有记载:龟兹国饶蒲萄酒,富室至数百石。而近年来,新和县、沙雅县、库车县先后出土大量埋藏大陶缸。研究证实,这些大陶缸主要功能就是储存粮食或者酒类。

安西都护府设立之后,唐王朝在西域的势力达到最强盛时期,据考证,当时的安西都护府核心区域就在今通古孜巴什古城遗址。通古孜巴什古城驻军人数最多的时候,达3万人,战马达2700匹。由此可见当时该地屯田的规模之大。

今年8月初,新和县聘请专业人士对境内屯垦遗址进行了航拍,确定在该县3000平方公里的区域内,汉唐屯垦的农田约10万亩。此前,经过第三次全国文物普查,查明新和县境内已经发现和确认的古城遗址、烽燧、佛教遗址等共计10类54处,体现唐代完整的屯田体系。

新和展现西域文化魅力

张万振

明丽的天幕下，正乘风而行的白帆；绿树鲜花间，矗立着汉白玉浮雕立柱、高大的民族风情凯旋门，火红的巨大射灯……

这是新和县城中心班超广场见到的一幅画面。

班超广场依314国道而建，之所以命名为班超广场，县里干部刘金明道出了缘由：县志记载，班超府治设立在新和达12年之久。班超广场中心建有6个汉白玉浮雕立柱，其位列第一的便是反映班超在新和的六个故事浮雕，之后依次为丝绸之路、龟兹歌舞、新和解放、军民团结、新和风情浮雕。每个浮雕各六个故事，六六三十六个故事，再现了新和厚重历史和文化渊源。

在浮雕矗立的正中，七个民族风格的拱门被称之为凯旋门，象征着新和民族大团结；而环绕在沉降式活动场四周的八个巨型红色射灯，则预示着新和人民光明的前景。

这正好与中心广场西边的“三角地广场”一脉相连，那广场中央银色雕塑上“九只展翅飞翔的鸽子”象征着“新疆永久和平、新和祥和腾飞”之意。

新和县域为古龟兹国中心之一，西域

纳入祖国版图后,西汉和唐朝曾将西域都护府及军事重地设于现县域内。

"新和县境内遗存的古城、石窟、佛寺、烽燧、关隘等多达50余处",刘金明说:"据考证,在这片土地上活动过的人物如张骞、班超、玄奘等,在统一中国,缔造多民族国家和文化发展过程中,成就和业绩影响深远。"

新和县委、县政府加大发扬、研究、弘扬地域文化、古城历史文化的力度,古城文化和现代神韵在这里交融、升华。

在修建班超广场的同时,新和还建造了"龟兹文化博物馆",并请原国家文物局局长、中国博物馆协会会长张文彬题写了馆名。展馆就建在县政府旁,面积达360平方米,储藏文物270余件,"李崇之印"与"汉归义羌长印"两枚印章,见证了新和县曾一度是西域政治军事中心。

新和龟兹书画院成立,便与新疆丝路书画院、中国少林书画院、云台山书画院、黄淮书画院结为友好画院,广泛传播西域文化。目前有馆员53人,大多为区内外知名的书法家、画家。

现在,人在新和,即使不出新和县城,就可赏奇景、观古物、看书画、了解新和厚重历史。

在新和龟兹文化博物馆感受货币风云

魏永贵

如果一位钱币收藏爱好者来新和县，那他一定会有意外的惊喜。

这种惊喜源于新和县龟兹文化博物馆中的收藏。这个博物馆所以被冠以龟兹之名，是因为现新和辖区在历史上属于古龟兹国一部分。

对新和这个小县来说，这个博物馆的收藏堪称丰富。除了一批历史资料，还有反映千百年来龟兹故国民族风俗的各类珍贵历史文物，计249件。

这些文物中，各类钱币占有较大比重，从汉五铢钱直至民国时期的钱币，基本上囊括了各个历史时期。

历史上，铜钱的面额、厚薄、式样，是经济发展水平的体现。

简单地说，如果铜钱又大又厚又圆，那么当时多半是物阜民丰，生活安定；否则就是民生凋敝，说不准还是在战乱中。

这个博物馆中收藏的古铜钱，不仅有个大厚重的，而且薄小如指甲盖者也不在少数，细考其年代，与上论颇为相符。

进入纸币时代，民国时期的纸币则让人大跌眼镜。在展柜中，有一张正面为淡绿色加上褐红色边纹的6000万元面值的钞票。

新和县干部刘金明说，这是1948年的纸币，属当时新疆省政府发行的"新省币"。

"也是在1948年前后，新疆出现面额最大的纸币：60亿元。"刘金明说。

资料表明，新省币刚开始发行时，1元就能抵换上1元大洋，但是到

了1948年前后，其价值缩水为60亿分之一：那张60亿元的纸币，当时只能买一盒火柴。

这种贬值率，已接近无限大。照此推算，新和龟兹文化博物馆的这张6000万元的纸币只能买一根火柴——前提是每盒火柴都是足数的100根。

如同一枚硬币的正反面，滥发钞票与压低货币价值，都是无数政府掠夺民财的手段。刘金明说：“这张纸币是新疆历史上最黑暗时期的见证，催人警醒。”

崛起的新和

邱永沫

新和县位于天山中段南麓前沿的却勒塔格山脚下。

我们在县里干部的陪同下参观了班超广场、民族风情一条街、步行街、饮食一条街、民族风情园、新和焦作幼儿园等，给人一种万象更新百姓祥和的印象。无疑，这些标志性的建筑，构成了新和县一道亮丽的风景，不能不说新和在崛起。

离开县城，我们驱车来到大唐柘厥关故址。柘厥关北依库木吐拉电站，南接314国道，为唐代遗址。此关，屏峙渭干河，控扼却勒塔格山，临水倚山，地势天成。据史料记载，当年这里人烟稠密，屯田棋布，佛寺庄严，佛洞群列，商旅行人不绝于道。唐末战乱，关城湮灭。今存遗址墙高3米，厚约1米，用土坯筑成，有高塔1座，底宽8米，高约7米，顶部已残毁。1993年，新和县政府在故址立大理石纪念碑一座，赵朴初题写了碑铭。如

2008 年 10 月，自治区党委常委尔肯江·吐拉洪（左二）、自治区副主席靳诺（右二）与新和焦作幼儿园的孩子们在一起

今大唐柘厥关遗址成了新和县一处旅游景点。

离开柘厥关后，采风团来到了通古孜巴什古城。古城系唐代遗址，距县城西南44公里处。古城保存较完好，四面城墙巍然独存，城四隅尚存城垛24个。城墙高约9米，周长约825米，用土坯砌成，南北开门，门宽约1.3米。据史料记载，这里曾经屯兵三千，相当于现在一个师的兵力，可见当年新和曾是一个战略军事要地。新和古代属古龟兹国，古文化遗址除了以上两处外，还有汉代的玉奇喀特古城、唐代的铁吉克佛寺、托乎拉艾肯千佛洞等历史遗址。新和县已将以上遗址列为文物保护区，择机开发。

下午，采风团到达被文化部命名为“中国民间艺术之乡”的塔什艾日克乡。身怀绝技的民间歌舞艺人，衣着艳丽的少女早已迎候在葡萄长廊下。我们围坐在红地毯上边吃边看，边看边听。“中国民间艺术之乡”的荣誉果然受之无愧。银须如雪的老人，辫发双垂的少女，天真顽皮的小巴郎，脚踏着鼓乐的节拍群起而舞。只见一位舞蹈演员翠袖轻轻一摆，一串葡萄就落了下来，摄影家们同时捕捉到了这一精彩画面，我们全都沉浸在这歌舞的海洋，时而凝眸，时而大笑。当一位维吾尔族女演员唱到“吐鲁番姑娘一朵玫瑰花”，我情不自禁说了一声“新和的姑娘一朵玫瑰花”，一位在我旁边的维吾尔族姑娘听见后，朝我回眸一笑：“热合买提。”

晚餐摆上了新和卤鸽，好吃。新和鸽自然放养，据说能调节人体大脑神经系统，改善睡眠，增进食欲，帮助消化，激活性腺分泌和脑垂体分泌，平衡人体机能。

采风得知，新和县近年来新发展的工商企业很多，益康、永红、惠华保鲜、康达棉纺、健鹰纺织、星河煤焦化、绿旗肉业、裕丰有机肥等多个项目已落户工业集中区，涉及棉纺、果品加工、烹饪油加工、再生纸利用、有机肥料等。

新和县是一块需要进一步开发的宝地，随着英买力油气田的开发，新和正在崛起。

古城新容

杨成秀

这里有汉代古城遗址——龟兹它乾城，这里有被文化部命名的“中国民间艺术之乡”——塔什艾日克乡，这里有享誉疆内外的名优特产——新和卤鸽，这里有传说被圣娘娘赐名的“鸡心葡萄”——沙玉葡萄。

这里的人民勤劳朴实，这里的环境清雅宜人，这里的城市旧貌换新颜，这里的乡村沃土披绿装。

这就是热情好客、美丽富饶的新和县。

进入县城，首先映入眼帘的是“三角地广场”，一座高大威武的“银鸽子”雕塑由9只银鸽组成，放眼仰望，气势恢弘，9只鸽子展翅飞翔，象征着永久和平和新和的腾飞；广场的绿草坪、喷泉、亭台、欧式风格的罗马长廊，令你赏心悦目。

来到位居县城中心的商业步行街，看见的便是桃红、橘红色的哥特式楼房，会让您在此充分地感受到浓郁的欧洲风情。街两旁的休闲沙龙、品牌服饰店、美容化妆室、鞋帽眼镜店和各式灯柱五光十色，别具一格。步行街的斜对面是“饮食一条街”，全长300多米，龟兹小肥羊、山东水饺、川粤小吃、南北大餐，加之新疆独有的风味特餐，应有尽有。路过此处，你一定会停车止步，垂涎三尺，情不自禁地走进去美美地享受一顿。

新和县班超广场位于连接疆内外、贯穿东西亚的314国道旁，占地45亩，是一个集游乐、健身、集会为一体的综合性广场，绿地率可达

60%,这里绝对是您休闲娱乐、避暑纳凉的理想去处。还有“民族风情园”、“民族风情街”等都无不让您觉得有塞外古城换新容、风景亮丽展新姿的强烈视觉冲击,生活在这里您会倍感舒适安逸。

近年来,新和各族人民乘着改革开放的春风,和着西部大开发的号角,享受着发展社会主义市场经济的各项优惠政策,多方筹措使马路变宽了,路灯变亮了,楼房变高了,街道变绿了,到处是草坪泛青,鲜花簇拥。每当夜晚,一派灯火辉煌、行人川涌的繁华景象让您目不暇接,心旷神怡。

这里文化底蕴浓厚,历史积淀很深,旅游资源丰富。

乘车西行44公里,便是唐代古城遗址——通古孜巴什古城,现保存完好。四面城墙巍然矗立,城四隅有城垛24个,城墙高约9米,周长约825米,用土坯砌成,南北开门。据史料记载,这里曾经屯兵三千,相当于现在一个师的兵力。勤劳勇敢的先辈们为了祖国的统一建立了不朽的丰功伟绩。该古城附近不远处还有汉代都护班超曾经居住过12年的龟兹它乾城遗址。

车回轮转,必经之地便是“中国民间艺术之乡”——塔什艾日克乡。身怀绝技的民间歌舞艺人,衣着艳丽的维吾尔族少女会早已迎候在葡萄长廊下。围坐在宽大的红地毯上,热情好客的农民朋友会呈给您甘甜爽口的葡萄,金光灿灿的无花果,皮薄肉大的核桃,脆香流汁的香梨。您可以边吃边看,边看边听。银须如雪的老人,辫发双垂的少女,天真顽皮的巴郎,脚踏着鼓乐的节拍群起而舞。沉浸在这歌舞的海洋您会时而凝眸,时而大笑,欢快的乐曲流入云天,久久地回荡在天宇……

沿着314国道北上17公里左右,就是唐代柘厥关遗址。此关,屏峙渭干河,控扼却勒塔格山,临水挟山,地势天成。据史料记载,当年这里人烟稠密,屯田棋布,佛寺壮严,佛洞群列,商旅行人不绝于道。据说唐僧玄奘西行取经就在此批文盖过章。

一天的劳累你一定会感觉身心疲惫。不要紧,晚餐会给您送来享誉疆内外的独特美肴——新和卤鸽。新和鸽自然放养，吃之可以调节人体大脑神经系统，改善睡眠，增进食欲，帮助消化，激活性腺分泌和脑垂体分泌，平衡人体机能。难怪有不少人风趣地说："新和卤鸽，一个人吃了，两个人说好。"

这里还有棉纺、果品加工、烹饪油加工、再生纸利用、有机肥料等三十多家企业。在国家"西气东输"工程的带动下，一个崭新的古城新和正在崛起。

城关旧事
唐柘厥關故址

篝火湮灭的拓厥关

陈　超

电影《天地英雄》里有一个地名叫拓厥关，讲述的是一个有关唐代的故事，故事大约发生在公元700年左右。而今硝烟散去，拓厥关遗址却留在了天山南麓、塔里木盆地北缘的新和县。

8月底的一天，我们驱车出新和县城，往东北方向行约17公里，在渭干河西岸的一片开阔地上，一座大理石纪念碑远远地进入视野，这就是拓厥关遗址纪念碑。碑身有原全国政协副主席赵朴初题写的碑铭：唐柘厥关故址。其后，一段高约3米的墙垣耸立在夕阳里，耸立在一户维吾尔族人家的后边，沙石遍地，高耸的墙垣，也是由这样的沙石垒成。正是黄昏，近旁的库木吐拉电站，高高的杨树、蒿草、对面褐黄的渭干河东岸，一片静寂，我们似乎置身于一个融合了千年时光的奇怪时空里。

拓厥关又叫柘厥关，在这时已经耸立了1300多年，但只是到了近代，才得到专家们的确认。

1907年，法国学者伯希和首次发现该关城遗址，并在此掘得佛像、壁画、陶器、钱币以及梵文、龟兹文、回鹘文和汉文文书200多件。1928年，著名考古学家黄文弼来这里考察也曾拾到很多陶片，他将这个古遗址称为色乃当旧城。而当地人称为其吐尔遗址或夏合吐尔遗址，也有人称为玉其吐尔遗址或夏合吐尔遗址，也有人称为炮台、烽火台，还有人称其为佛塔。1985年，新疆社会科学院考古研究所专家王炳华再次对其考古调查，经过缜密论证，确定该遗址就是《新唐书》卷四十三所载的“唐安西柘厥关”及相关典籍所记述的“东西拓厥寺”。而这条古道，就是考古学家们所称的“热海道”：当年丝绸之路上最有名也是最繁忙的一条大道，唐玄奘西行取经所走的就是这条道，拓厥关在它的咽喉处。

大唐王朝在西域重开丝绸之路后，安西都护府是唐王朝直接经营和管理西域的最高统治机关，治所设在龟兹王城（今皮朗古城），以铁门关为安西大都护府要关，并在自铁门关至龟兹段设立了拓厥关、雀离关、盐水关、乌垒关等5关。唐王朝在西域设立关隘的原则是“关必据险路”，“须临水挟山、当川限谷，危墙深堑，克扬营垒之势”。在安西都护府大本营的东、西、北、西北各面皆有关隘捍卫，关隘的职责是“禁末游、伺奸慝”，稽查行旅，这一方面保障了安西都护府大本营的安全，另一方面也维护了龟兹地区的稳定。当年安西大都护府境内的关隘今天多为险峻、僻静之处，关卒独守、百里孤烽；城头兵卒立，城下马驼行。

据《新唐书》记载，自隋末起，西突厥汗国势力渐盛，为争夺人口和扩大土地，西突厥控制了西域很多地方。唐王朝建立以后，为了完成统一，一方面对漠北东突厥进行打击，一方面对西突厥采取瓦解政策。公元630年，唐军大败东突厥，西域诸国纷纷投靠唐王朝。公元640年，唐军打败追随西突厥的高昌王朝，在此设立西州府，同年设置西域都护府，府治在现在的吐鲁番。但西突厥中的反唐势力挟制龟兹王与唐为敌，唐王朝派大将阿史那社尔和契苾何力率军大破叛军收复龟兹，再败西突厥于龟兹西，龟兹于647年复归唐朝。唐显庆三年（公元648年），移安西都护府至龟兹，为防备西突厥卷土重来，唐军在自却勒塔格山西北而下，河口地势较狭的渭干河口建立了拓厥关。拓厥关东通安西都护府，北接伊犁草原，西连中亚，南抵疏勒。它既护卫了安西都护府的安全，又保证了丝绸之路的畅通。

但是，由于唐高宗“不欲广地劳人”，不久即将安西都护府移到西州，其后几十年的时间里，吐蕃一次次试图从渭干河进入龟兹，甚至曾成功攻下安西都护府，但他们却始终未能突破拓厥关，终于，在公元

692年唐王朝发起的一场大战中，安西收复，吐蕃在西域的势力从此被荡平。之后唐王朝以“汉兵三万”驻守在龟兹境内的各个关城和戍堡，强化了对安西各处的的保护。吐蕃人的入侵，使克孜尔石窟在战火中废弃，却使拓厥关护卫下的库木吐拉石窟兴盛了起来，并在渭干河两岸建立了东西柘厥寺。此后，汉文化大量输入，汉僧大量到来，使拓厥关一带的中原文化逐步兴盛起来。

现在的拓厥关，仅剩东北转角一段长约7.3米的城墙和东南角一带约10米的城墙，高约2~6米，基本都是一层土一层砖垒砌而成。但是在唐代，这里却是西域大镇。专家们综合日本大谷探险队和伯希和在此处所获文书，发现唐王朝的拓厥关附近还设有坊、村等基层建制。坊有“怀柔坊”、“安仁坊”、“和众坊”等，村有“东王子村”、西王子村”、“南萨波村”、“西萨波村”、“僧厄黎村”、“伊禄梅村”、“南界双渠村”等。这些里坊名很多是直接取自汉文，如“安仁”当取自《论语里仁第四》：“仁者安仁，智者利仁”之意。其他如怀柔、和众，一如此例，它们既寄予了统治者的政治理想，又深得汉文化的精髓。日本大谷探险队还在此掘得四件“名籍”，所记人名有汉人、胡人，有龟兹的白姓，有焉耆的龙姓，更有昭武九姓粟特人。

夕阳打碎了历史，站在拓厥关颓败的城墙上，拣起一块黑色的石

头，那是千年以前的石头——如今，所有的历史是否都在这些沙石泥土中？低头，千年以前的拓厥关，行人、商旅、使团、僧人来来往往。有马嘶叫，有士兵巡逻，一个身影翻身、下马、入关……而在特殊时期，那些穿着粗麻斗篷的士兵，抱一堆干柴，在拓厥关点起篝火……斯坦因曾说，如果让他选择，他愿意生活在大唐时代的龟兹，那么，襟山带水的拓厥关，当是他不得不去的地方。

柘厥关回响

李桥江

新疆社会科学院考古研究所王炳华先生经多次考察论证，认为新和县境内的柘厥关就是《新唐书》卷四十三和其他相关史籍中记载的唐代安西柘厥关，高塔则是一座佛塔。

大约在10年前，我首次听到“柘厥关”这个名称，其中的“厥”就让我产生了好奇，这个“厥”字是不是与突厥人有关系呢？随后，我产生了前往柘厥关探寻究竟的念头。

我来到柘厥关。也许是柘厥关有灵性吧，我们从新和县出发的时候，天气还很好，到了目的地，天气竟然变了，冷风裹挟着沙尘，无情地掠过柘厥关的残墙断壁，我隐约听到了一种沉闷的厮杀声，从四面八方向我袭来……

水边的佛塔

从地理位置上来看，柘厥关的地势非常险要。关前是开阔的荒原，背后是渭干河谷，河谷深处则是闻名世界的克孜尔石窟，柘厥关扼守着河谷入口之处，俨然是一夫当关，万夫莫开的气势。站在柘厥关遗址俯瞰渭干河，沟壑纵横，苍凉粗犷的大地上，滔滔渭干河如同一条主宰一切的生命线，昭示着水与人类密不可分的历史——现在和未来。

《新和县志》是这样描述佛塔的：有高塔一座，底宽8米，高约7米，顶部已残毁。至于对柘厥关和高塔的定性，最早有法国人伯希和来此发掘佛教壁画、塑像、陶器以及各类文书等珍贵文物200多件带回了法国。1928年，黄文弼也曾在这里考察，其文字记录在《塔里木考古记》中。

王炳华先生经多次考察论证，为我们揭开了谜底，他认为这里就

是《新唐书》卷四十三和其他相关史籍中记载的唐代安西柘厥关，高塔则是一座佛塔。自治区考古研究所张平先生也多次对遗址进行了考察。1994年，新和县在此建纪念碑一座，并请赵朴初先生题写碑名。

空荡的露天场

世事沧桑，曾经的关隘和寺院早已经成为荒原上的残垣断壁，令人欣慰的是佛塔的下面，那排排整齐的砖房院落以及林木、葡萄架，让我想起历史的传承。

走下佛塔，探访塔下人家，要么院门紧锁，要么人去屋空。在两排住宅中间的小巷继续行走，路边石缝里探出的一朵菊花，鲜灵灵地给杳无人踪的小巷注入了“活”的气息。走进菊花边一个大门敞开的院落，葡萄架下干枯的野草以及一辆生锈的破自行车，让我意识到这个院子在很久以前就荒废了。冷风推动屋门发出“吱吱呀呀”的响声。

我走进屋内，墙壁上贴的年画，只剩下了半边孩子的脸，一张铁架

床上铺着破旧的棉絮，另一间屋内，窗户边上还支着一张写字台。我产生了一种恐惧。莫非这里突然发生了什么变故，以至于这里的居民，甚至连床铺和桌子都来不及携带，便逃之夭夭了？我迅速逃离了这间形同“鬼屋”一般的房间。

“走吧，赶快离开，这里一定发生过什么。”我听到有人窃窃私语地说着。他们说的正是我脑子里想的问题。

我穿过一堵墙的豁口，躲避着院子里那扇敞开着的、黑洞洞的屋门。一抬头，我竟然进入一个空荡荡的露天电影院。

高大的白色水泥墙壁的银幕，被雨水和灰尘冲刷玷污得面目全非，空地上，灰褐色的一排一排木板座位，仿佛在静静等待着观众。“我是最后一个观众吗，我怎么进来的？”“有人吗？”我大声喊了起来。

正在寻找我的同伴们应答着我，从银幕后面走了出来。

陪同我们采访的新和县宣传部的朋友，道出了这里的秘密。以前这里是某发电厂的居民区，由于公路改道以及经济中心的转移，前年，发电厂关闭之后，房屋的主人随即也搬走了。曾经的繁华之地，就如同历史上的柘厥关一样彻底衰落了。

兴亡柘厥关

我查阅了一些资料，柘即柘树。落叶灌木或乔木，树皮灰褐色，有长刺，叶子卵形或椭圆形，花小，排列成头状花序，果实球形。叶子可以喂蚕，木材中心为黄色，质坚而致密，是贵重的木料。柘树有长刺，用于自我防护。联系到柘厥关的年代，我自以为从字面上就可解读柘厥关的含义了。

实际情况也正如此。唐帝国建国之后，突厥以及吐蕃也日益强大起来，在随后的多年间，唐帝国与突厥以及吐蕃在西域展开了拉锯战。贞观14年（公元640年），唐平定高昌（今吐鲁番高昌古城），在这里设置了西州；同年9月在交河城建立安西都护府，并留兵镇守。唐显庆3年（公元658年），在平定西突厥阿史那贺鲁叛乱、西域形势有所稳定之后，安西都护府迁至龟兹，下辖4镇。

专家认为，为了防备西突厥卷土重来，柘厥关就建于这个时期。“柘厥”又作“拓厥”，唐以前的文献中，对于西域地名、城址的称呼没有“柘厥”或“拓厥”的叫法；而到了唐代，西域用“柘厥”做寺、关或烽燧名称的就很普遍了，说明这一切与西突厥在西域的活动有关。这座柘厥关的“柘厥”两字，就是“突厥”的意思。

资料记载，贞观以后，安西四镇时置时罢，军镇也有所变动。贞元3年（公元787年），龟兹被吐蕃攻陷。唐穆宗时期，唐帝国曾经多次试图恢复安西都护府，但没有取得成效，柘厥关很可能就是在这个时期废弃的。

走马一关一城

周 崇

自西汉神爵二年(公元前60年)西域都护府成立后,今新和县境就为中国所有。公元74年,东汉政府重设西域都护府于龟兹它乾城(今新和县境西南部),班超、任尚等先后任都护。

新和是古“龟兹国”的“繁锦之区”,又是古丝绸之路的必经之地,繁华不难想象。

这里有著名的一关三城,即柘厥关、通古孜巴什古城、玉奇喀特古城、它乾城。今夏,我们走马其中的一关一城,柘厥关和玉奇喀特古城的确没有令我们失望。

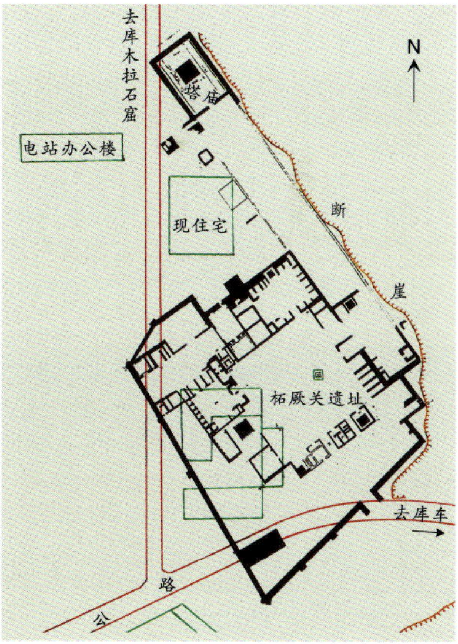

(法国伯希和测图)

柘厥关

当英雄们的传说像漠风一样远去,人们留下的只有记忆。在纸页与典籍中,他们仍然鲜活地存在。而普通的人们,只能在残破的城墙边,怀想历史的烽烟。

新和柘厥关遗址,就是这样一个寻梦之地。

雄关遗址:一个王朝的背影

漫步柘厥关遗址,是在凝视一个王朝的背影,同时也是在追忆大唐王朝的荣耀。透过遥远的时空,烈日的正午,大唐王朝边关勇士们出击吐蕃军队的厮杀声依稀可辨。唐王朝所有的光荣与梦想,曾经在这里散扬。

柘厥关遗址位于新和县城西部,距县城仅17公里左右。我们驱车前往柘厥关遗址探访的当天,天空碧蓝无云,虽已到了夏季,但天气依旧凉爽如春。

这天,是新和县的巴扎天,街道上挤满了赶集市的人们,毛驴车、马车,熙熙攘攘,人声鼎沸。

不知不觉,喧闹的城区刚过,就听见司机师傅说:这就是柘厥关。

我们感到很惊讶,因为在一般情况下,古遗址不是地处偏僻,就是隐于荒漠戈壁,这样一座鼎鼎大名的雄关,距离县城如此之近,可谓身处闹市。

东西关口:遥遥相望旧时烟

从县城到这里有公路,直通入前方的山谷,那是却勒塔格山。路的两边,钻天杨高大苍翠,像列队检阅的士兵,紧挨路边,矗立着一座高大的黑色大理石碑,碑上刻着“唐柘厥关故址”,这是赵朴初先生题写的碑铭。

在蓝天白云下,这座碑显得庄重典雅。几米远处,有几座高低不等的黄褐色土丘。其中最高的一座足有8米。这就是唐代柘厥关遗址,因其在渭干河口西岸,也被称为西柘厥关。

绕过葱郁的灌木丛,望着眼前这些残缺不整、看不出形状的土丘,让人心生无限感慨。或许,它们曾经是烽火台、城墙、佛塔。它们记载着什么样的故事?见证过多少英雄的壮举?或者,它们可知道“长安一片月,万户捣衣声”的辛酸与悲苦。历经千年岁月之后,这一切都湮没在历史的尘埃中，只剩下这些土丘在默默述说着曾经的故事。

放眼四望，不远处的库木吐拉水电站正日夜不息地运转着。渭干河东岸，零星散布的几处石窟赫然在目，离石窟不远，还有一处古建筑遗址隐约可见。

那就是东柘厥关遗址，它与这里的西柘厥关统称为大唐安西柘厥关。

避开路上过往车辆的“隆隆”声，能听见渭干河水从山涧倾泻而出的声音。俗话讲，望山跑死马，看着却勒塔格山和渭干河就在眼前，其实远着呢！

关隘本意：御突厥于关外

“柘厥”又作“拓厥”，在唐代，古代新疆人用“柘厥”做寺、关或烽戍名称的很普遍，因为这一切与西突厥在西域的活动有关。可见，不论是“柘厥关”还是“拓厥关”都与唐突厥相关。

唐王朝建立以后，对西域地区逐渐强大起来的西突厥用兵。公元640年，唐军打败了追随西突厥反唐的高昌氏王朝，并且在吐鲁番地区设安西都护府。西突厥又挟制当时的龟兹王与唐朝政府为敌。面对这种情况，唐朝再次出兵，打败了叛军。

随后，唐王朝在“丝绸之路”天山南北道的各地，设焉耆、龟兹、碎叶、疏勒等都护府，并于公元648年，把安西都护府移到了龟兹，也就是在这个时候，建立了柘厥关。

柘厥关关城建于渭干河口，可谓是天然屏障，这里地势险要，河道狭窄，且关口东通安西都护府，西连中亚呾逻斯，北接伊犁草原，南抵疏勒镇，是唐代“热海道”上的要害之处。在此建关，对于护卫安西都护府的安全，保证“丝绸之路”的畅通，促进中西经济、文化的交流，都具有重要意义。

渭干河水流湍急，东西柘厥关正控扼南北要道，建关后以吊桥连通。当年，唐朝驻军只需切断桥口，依靠大山、峡谷及河流形成的天然屏障，就能很轻易地将敌人堵在关口之外。

千年时光：柘厥关得失几回

仅在唐一代，渭干河口的柘厥关就历经了数百年的风雨沧桑。

柘厥关建关不久，吐蕃人第一次入侵龟兹，时隔不久，唐军打败吐蕃人收复安西和龟兹。柘厥关守兵在配合唐军大部队上起了重要作用，吐蕃人的迅速溃败与柘厥关对之控扼有密切关系。

这次事件给了唐高宗一个教训，就是不应将驻守于龟兹的安西都护府撤回西州。于是公元658年唐政府又重新将安西都护府移至龟兹国。

从克孜尔石窟谷内区和谷东区洞窟内留下的大量表现吐蕃人勇武征战场面的壁画上看，由于下游柘厥关唐军的有效防守，吐蕃人当时被阻于克孜尔石窟一带，军卒无事可做，就在闲暇将吐蕃人打仗和生活的场面刻画于外庙墙壁上。

吐蕃的此次进攻，导致东汉以来开凿的西域最大的石窟寺院——克孜尔石窟的湮灭。战火中，石窟寺的僧侣们四散逃命，此后，克孜尔石窟的梵呗香火转移到库木吐拉石窟。

吐蕃人万钧雷霆般的进攻，极大震动了唐朝廷上下，唐朝廷痛定思痛，开始意识到唐朝对西域政策的失误。关于这一点，聪慧睿智的武则天指出唐经略西域的失策在于“不善守”。于是，唐在长寿元年（公元692年）发兵收复安西之后，以“汉兵三万”驻守在龟兹境安西的各个关城和戍堡。

渭干河口的柘厥关得到扩大和加强，局势十分安定，胡汉僧侣纷纷前来开窟建寺，于是以“柘厥”为名称的东西柘厥寺等石窟寺院均有发展。

唐长寿年间，安西大治，龟兹佛教事业重又恢复。不过对当时经过动乱的佛教徒而言，对已被战火废弃的克孜尔石窟心有余悸，转而来到地近安西都护府，又有重兵把守的柘厥雄关护卫的库木吐拉石窟继续从事佛事活动。

有唐一代，对柘厥关的争夺来回数次，东西关门浸满战火灰烟。

眼前关山月冷，大漠吹寒。柘厥关沉默了上千年，被时光雕刻成了一片废墟。这里曾经战马嘶鸣，这里曾经战旗招展，这里曾经篝火熊熊；这里，曾经有大唐王朝的荣耀与梦想。

今时的渭干河口，不再是昔日边塞那种“千嶂里，长烟落日孤城闭”的荒凉和萧瑟，而是绿树环绕、车水马龙的繁华。

而千年之前就耸立在这里的柘厥关，成为这段千年史的见证与旁观者。雄关无语，人却有情。在历史与现实之间，柘厥关贯通了千年时光。

玉奇喀特古城

离开烽烟火起、战马嘶鸣的关隘要塞，我们继续拍马前行，往新和县城南部的玉奇喀特古城而去。

玉奇喀特古城，当地人称“玉什喀提”，维吾尔语的意思是“三重城”之意。

自上世纪二十年代末，国内外考古学家及区内考古部门对该古城进行考古调查以来，出土文物极其丰富，有铜质“李崇之印”、“汉归义羌长印”两枚，并出土有耳环、项饰、帽缨等各种饰物。

新疆社会科学院历史研究所所长、研究员田卫疆和新疆文物考古研究所研究员张平等专家联合撰写的一份研究报告中得出结论，长期以来国内外考古学界迄无定论的西汉后期都护府的府治，就是“玉奇喀特古城”。

古城距新和县城西南约18公里，呈内城、中城、外城三重形制，属西汉军事戍堡。古城规模宏大，占地近两千亩，是目前阿克苏地区最大的一处汉代军事戍堡。

如今的玉奇喀特古城，由于自然与人为因素，其原貌已荡然无存，古城墙、建筑物也早已灰飞烟灭，仅剩下几堵断壁残垣，孤寂地伫立在车来车往的现代公路旁。漫步在昔日的古城陵墟中，虽尘沙不语，但依旧能感受到它曾有的繁华和辉煌。

尘沙不语辉煌

在县里干部的陪同下，我们走进了玉奇喀特古城遗址。

来之前，虽然已经知道古城原貌不存，但当古城真真切切地摆在我们的面前时，仍让人顿生感时伤怀之情。

弃车步行数米，我们被告知，“中城的古城墙就在这里，对面是古城的外城”。几番指引下，我们才注意到，公路的对面，在白杨的映衬下，隐约有一段段古城的遗迹。而我们的脚下就是玉奇喀特古城的内城和中城。

中城和内城虽还有相对完整的墙基，但和外城一样，大部分地方，已被一片绿油油的麦田占据，几位农民正在中城里弯身劳作着。

站立在残留的城墙上，放眼望去，那依稀可辨的三层城郭，因岁月的侵蚀，早已看不出丝毫昔日古城的风韵。

一条通往玉奇喀特乡政府的公路将整个古城一分为二，内城中，红柳、沙棘、小麦丛生，这让人很难想象出古城曾有的繁华，只有地上那些零星散布着的细小红色陶片，才能让人把它与古迹联系起来……

只识“衙门”面

内城的城墙边，一个简易的草棚吸引了我们的目光。绕过草棚，我们来到了三位正在劳作的老乡面前。

“你好！”一位40多岁的老乡用不太熟练的汉语和我们打着招呼。

“老乡，你知道这以前是什么地方吗?”

“不知道！”

“村里有人知道吗?”

老乡憨厚地笑着摇了摇头。

同行人员说，现在的人很少知道有关古城的历史了，只有一些年纪大的老人还会把中城和内城这片地方称为“衙门”。

“衙门“的称呼可能与古城的历史传闻有很大关系。

两枚印章，一地烽火

来到内城，站在两三米高的城墙上，一个长约400米、宽约200米的城池映入眼帘。内城这个丝毫不起眼的小土坑却有着不少的历史。

就在这附近，1928年，我国著名考古学家黄文弼先生在此考察时，发现了西汉最后一任西域都护李崇的私人印章——“李崇之印”。1953年，人们又在此发现了“汉归义羌长印”，随后又有“常惠之印”的铜质印章出土。除此之外，这里还出土了大量的各种饰物：如耳环、项饰、帽缨等，均为1~6世纪的遗物。

“李崇之印”与“汉归义羌长印”的相继发现，确定了玉奇喀特古城是西域政治军事中心的所在地。

这个小土坑承载了多少英雄的功绩。

西域——中国西部的疆域，这一名称自从在司马迁的《史记》中出现以后，直到两千年后的清朝，才被“新疆”这个名称所替代。

在两汉王朝统一西域之前，包括玉奇喀特古城在内的天山南北大多数地区人民，一直处在匈奴人的铁蹄之下。

公元前60年，汉宣帝神爵二年，西域各国终于投入到祖国的怀抱。这一年，西域都护府在乌垒城（今轮台县策大雅南）设立，郑吉成为第一位西域都护。

西汉时期，曾担任过西域都护职位的就有18位，李崇是最后一任西域都护。

“为了祖国的统一，李崇就战死在这里”，听着同行人员的解释，恍若再次置身于那个金戈铁马的年代。

“公元16年，王莽新制时期，龟兹国受到匈奴侵犯。新任都护李崇率军进入西域，亲自带兵攻打匈奴，可惜战败，并战死疆场。”

汉归义羌长印

李崇之印

“按古代‘印随官行’的规则，作为李崇本人印章的‘李崇之印’出土在玉奇喀特古城，这充分说明李崇保卫龟兹国时是以玉奇喀特古城为都护府的。”同行的人说。

青山处处埋忠骨，何须马革裹尸还。无论如何，作为最后一任西域都护的李崇，他将自己的印章留在了玉奇喀特古城，也将自己永远地“留”在这里。

也许，他就在我们脚下。

龟兹故都之争

“‘汉归义羌长印’又是怎么回事？”环视眼前这个几乎看不到的“城池”，我们感到很好奇。

“西域都护府建立后，包括龟兹、姑墨、温宿等各国在内，便成为汉朝疆域的组成部分，自此，天山南北各地便在中央政府的管辖范围之内。汉朝中央政府直接任免西域都护，册封当地首领，颁发印绶，让其管理地方日常事务。‘汉归义羌长印’就说明了当时中央政府的这一举

措。”

同行人员的解释让我们联想到历史学家陈世良的一个观点，他认为：“汉归义羌长印”应该是与李崇共进退的龟兹王所拥有。因此，王莽末年，当时的龟兹王为了躲避匈奴，曾迁龟兹都城于玉奇喀特古城。

对于龟兹国都的历史变迁，目前史学界尚无定论，但提及“俗有城郭，其城三重，其中佛塔庙千所”的龟兹国，就得涉及“三重城”这一字眼，也就必然提及玉奇喀特古城。

无论如何，玉奇喀特古城重要的历史地位是不容置疑的。它和柘厥关一起，记录着曾经有过的硝烟战火，传递着千年之前的历史信息。

“一关一城”的存在，见证了一段段英雄壮举，抒写着一页页英雄史诗，对它们远隔千年的倾诉，需要我们静心地倾听。

通古孜巴什：龟兹军屯的见证

陈　超

我们现在已经很难想象通古孜巴什古城在唐代时的情景，那时，它是唐龟兹军屯的驻地，也是周围八座戍堡的中心，所以被称为“九城之首”——通古孜巴什古城原名“托古孜巴什古城”，维吾尔意为“九城之首”，后讹传成“通古孜巴什古城”。不管叫法怎么的不同，通古孜巴什依然还是通古孜巴什，它在唐代军屯史上的地位是不会改变的。

我们在8月的一个早晨前往通古孜巴什。

通古孜巴什古城位于新和县塔木托格拉克乡西南10公里处，北距县城44公里，地处新和、沙雅两县交界的荒漠中。与它周围的八座戍堡和其他古城比起来，通古孜巴什规模宏大，保存也较为完整，是古龟兹地区具有代表性的建筑遗址，整个建筑呈长方形，城墙东西长在250米左右，南北宽稍小一点，城墙厚约3米。即使在1000多年后的今天，很多地方依然保留有6米多高的的城垣。古城四角全部是向外伸出的垛墙或角楼，东、西墙垣外各有4个马面建筑，南墙因有较长的瓮城门建筑而建有马面3个，北墙建有2个。南北墙垣的中部各有城门一座，为瓮城形制。北瓮城门向西开，瓮城内的高台上残存有二层城楼墙垣遗址，成为全城的制高点。南瓮城门朝东开，与北瓮形制类似，古城出口均呈“之”字形，南门瓮城建筑规模比北门瓮城略小。城内还保留有几座房屋建筑的土埠，虽然房屋早已坍塌，但土埠的形制依然让人产生对当年那些房屋的联想。从那些坍塌裸露的地方明显可以看出，城墙底部都是夯筑而成，而上部，很多地方是一层红柳一层土坯垒叠而成。

通古孜巴什古城内有一层薄薄的碱壳，沙丘上，长着一丛丛的红柳，如果没有外部那些高耸的断壁残垣，也许会被人认为是在一片被人遗弃的荒地上。而城外，红柳已经大片大片地连了起来。站在古城墙上远望，周围是一望无际的大平原，更远的地方，是一片黛青的棉田。无法想象，1000多年前，这里是怎样的一片绿洲呢？虽然，这里现在依然可以称为绿洲，但是，已经不能种植粮食作物了。

古城内的一个大坑中，专家们曾经在那里发现厚达一米的马粪、谷秆、麦秸。而出土的文物有陶器、钱币和石器。钱币有开元通宝、建中通宝、大历元宝等。在城内东北隅还曾发现过窖藏钱币，一次出土就达3000余枚，这在新疆的古城中都是非常少见的。其他如织物、鞋履、木碗以及胡麻、油饼等，让人恍若那些军屯士兵们似乎刚刚离开……

而最珍贵的，还是那张"李明达借粮契残纸文书"和"白苏毕梨领屯米状"，一张是借粮文书，一张是粮仓发给屯田军士每月粮食的记录。据历史记载，按规定，军屯收获的粮食除供自用外，剩余皆需上缴储藏，收仓督、监仓官、屯官、监纳官共同检验入库。而在那些戍堡中，也已发现有储存粮食的窖穴和盛储谷物的大量陶瓮。

同屯垦关系密切的还有水利的经营管理，位于通古孜巴什古城东北隅的夏合吐尔遗址中就出土了兴修水利、管水浇地的文书，为整个龟兹地区屯田的研究提供了具体的资料。如反映安西都护府之下设有专门管理渠堰的"掏拓所"以及主管官"掏拓使"。很显然，它们充分说明了渭干河域是龟兹军屯的重要基地。1928年，黄文弼在这一地区进行过实地调查，他结合古城遗址、古河道的分布情况，再次证明了这一地区不但是汉代屯垦区，至唐代，这里仍然是龟兹屯垦的重要基地。

通古孜巴什古城先后出土的有关借贷、领取屯米的文书，以及古钱、铺地面的方砖、陶器等文物，不但显示了古城营建的时代特征，尤其是同周围相为依托的八个戍堡的存在，更显示了它是西域军屯的重要地区。这一切，对于研究古代龟兹地区的政治、经济、文化的发展状况及唐代安西大都护府址和唐代经营西域、保持“丝绸之路”中西交通通道的畅通，具有极为重要的价值。通古孜巴什古城地处渭干河下游，而它周围分布的大量古城、戍堡和烽燧表明，这些古城、戍堡以通古孜巴什古城为中心，成为龟兹地区自汉至唐的屯田、屯兵和拱卫龟兹的军事要地，其价值不仅仅在史学和考古学上具有重要意义。

通古孜巴什:一座古城掩埋的历史

李桥江

新和县东南面茂盛的红柳滩中隐藏着一座废弃已久的古城遗址,据说,站在高处鸟瞰古城及其四周环境,古城周围还分布着十几个大大小小的城市及建筑遗迹,它们就如同众星捧月一般环绕着通古孜巴什古城,形成了一个以通古孜巴什古城为中心的古代文明现象。

那么,这种现象究竟是一种巧合或是视觉误差,还是的确如人们所看到那样就是历史的本来面貌呢?仲夏时节,记者探访了这座古城以及一些散布在沙漠中的其他遗迹。

通古孜巴什

当通古孜巴什古城高大的城墙残垣从茫茫的红柳滩中跳进我的视线,我着实吃了一惊。登上八九米高的残断的城墙,居高临下,放眼古城四周,我开始为这座曾经伟大的城感到骄傲。

通古孜巴什的一种说法是"众城之城"之意,也就是说通古孜巴什古城是这一带所有城域及遗迹的中心所在。那么这座现在看起来依然显得巍峨壮观的古城,究竟是何人所建,最终又是如何毁损而被抛弃的呢?

自从19世纪末20世纪初,国外探险家来到塔里木盆地,进而掀起这里的考古探险热以来,这片神奇的土地,包括通古孜巴什等遗址就引起了世人的关注。我国著名考古学家黄文弼是最早考察通古孜巴

什的学者之一，黄文弼认为该城是唐代城市，他在《塔里木盆地考古记》中这样写道：其墙址均为土砖所砌，有开元钱币散布，陶片亦属于唐代，则此一带遗址，时代可能相当于唐，而以通古孜巴什为一政治中心区。

黄文弼先生作出这样的结论，其依据主要是通古孜巴什曾出土唐朝大历年间的残纸、李明达借粮契、白苏毕梨领屯米状、太元铜钱等文物以及相关的史料文字。

近年来，自治区文物考古所一些专家，通过不同途径先后来到通古孜巴什以及周边区域，对这里进行了简单的调查，作出了相似的结论。但遗憾的是，由于多种原因，除了伯希和、黄文弼等人有限的文物考察和发掘之外，目前，考古工作者还没有对通古孜巴什古城及其周边遗址进行过正式的挖掘和研究工作。

单从自然方面的原因来看，有学者认为，通古孜巴什的荒废与当地最大水系渭干河的改道有着直接关系，记者认为，在没有对通古孜巴什正式发掘和研究以前，除了政治中心转移直接导致了通古孜巴什的衰落以外，其遭到废弃的原因还有待专家学者进行考证。

红柳花开

在多数人的心目中，塔里木盆地是干旱和荒凉的，塔里木盆地许多古代文明的消失都与环境改变有着直接的关系。比如楼兰、米兰、营盘、尼雅等等，然而，通古孜巴什遗址的现状却同以上被沙漠掩埋的古代文明完全不同。这里的植被之茂盛超乎我的想象。

通古孜巴什位于新和县和沙雅县交界区域，距离两县县城的路程都在40公里以上，在这两个县城当中凡是对通古孜巴什比较了解的人，提起这座古城除了会说到这里的红柳和野猪之外，往往还会讲一些在当地容易迷路，经常无端下起大雨等怪事。

我们在接近通古孜巴什的红柳林时也迷失了方向，好在我们准备充足，尤其是我们的车辆越野性能优越，根本不用担心陷进浮土以及红柳挡道而失去方向，我们便以太阳为参照物，径直向着太阳的方向前进。这一招果然有效，不一会儿，通古孜巴什古城便从高达2米以上的红柳林中显露了出来。

通古孜巴什四周不仅红柳异常茂盛，红柳林中还分布有大量的梭梭、骆驼刺、骆驼蓬、胖姑娘等植被。据说，进入秋天，红柳花开最旺盛的季节，通古孜巴什古城的城墙都能够被鲜艳的红柳花映照成红色。按照常识，干旱的荒漠区域是不可能出现如此茂密的植被群落的，那么，这些植被是依靠什么法力生长的呢？

新和县科技副县长邢春林在调查渭干河的历史变迁过程中，得出了这样一个结论：整个通古孜巴什古代垦区都是设立在渭干河冲积形成的平原上，这种情况使得这里的土地异常肥沃。据说，近年来，距离古城不远处开垦的耕地也非常肥沃，有些农民种植棉花、玉米等作物甚至不使用任何肥料就能获得稳定的产量。这种现实给邢春林的研究

提供了有力的支持。

有了肥沃的土地，再加上经常莫名其妙地天降大雨，荒原上植被茂盛的答案自然也就明白了。

我在沙雅县采访期间，无意间了解到这样一个情况：沙雅县夏季常常出现严重的冰雹灾害，为了预防冰雹，沙雅县在人工影响天气方面做了大量工作。沙雅县人工影响天气的方位恰好就在通古孜巴什附近，通古孜巴什的怪雨很可能就是这样形成的。

千年葡萄园

2005年12月，自治区考古研究所研究员张平等人，考察完通古孜巴什遗址之后，继续向南，进入沙漠区域。他们此行的目的非常明确，考察耸立在沙漠中的塔什吐尔烽燧。张平没有想到，这次简单的调查活动，竟然发现了一座被沙漠埋藏了上千年的葡萄园。

我们离开通古孜巴什遗址后，便驱车向着塔什吐尔烽燧驶去。钻出红柳林之后，我们的向导、新和县文物局干部提醒我注意地貌的变化，所见土包林立，坑洼不平的自然地貌似乎像是经过刻意修整过的样子，变成了平整的大平地。

从外形看，这里很可能就是古代大规模屯田留下的耕地遗址，否则很难解释这里奇特的地貌变化。通古孜巴什周围自然地貌类似雅丹地形，但这里的土壤色泽也与其他原始土壤有明显区别。还有一点很关键，现代研究认为，原始地表植被遭到破坏之后，需要漫长的时间才能得到恢复，何况是在干旱的塔里木盆地。由此推断，雅丹地貌中出现的大面积平地，无疑就是古代耕地遗址。

通古孜巴什距离塔什吐尔烽燧直线距离至少8公里，据说，天气晴好的日子，站在通古孜巴什城墙上就能看到烽燧。发现的古代葡萄园则在塔什吐尔烽燧附近，由于流沙掩埋了接近塔什吐尔烽燧的路径，我们在离塔什吐尔烽燧大约2公里远的地方不得不弃车，徒步赶往塔

什吐尔烽燧。

大自然常常导演一些非常有趣的现象，环绕塔什吐尔烽燧的沙地，是由许多大小不等的流动沙丘组成的。这些沙丘随风变换着形状，常年游弋在塔什吐尔烽燧附近。县里干部曾经领教过这些沙丘的厉害。有一年春天，一些外界朋友要参观烽燧，为了确保路途安全，他们提前踏勘了通向塔什吐尔烽燧的路，并在两个沙丘上做了记号。第二天，他们带着客人来到做记号的地方，不仅记号没有了，就连沙丘也没有了。当时，他们还不知道，沙丘消失之后，地表上露出来的枯木乱藤中就有古代的葡萄树。

我们在烽燧一侧的一个古建筑遗址旁边发现了一些干枯的葡萄藤。葡萄藤的根系，依然扎根在古老的岁月。它们或许期望以这种坚守，守望着它们的主人——屯垦士兵的归期。

据介绍，这些枯死葡萄树的年代已经确定，它们与塔什吐尔烽燧以及通古孜巴什同属唐代。

情景再现

据考证，当时的安西都护府核心区域就在今新和、沙雅、库车一带。通古孜巴什则是驻军和屯田中心地带。

2007年冬季，我曾经拜访了库车县境内的唐王城遗址，现有研究证实，唐王城遗址就是安西都护府军马饲养场。于是，一个有意思的现象出现了，如果通古孜巴什即为安西都护府府治所在地，我们就能够理出这样一个古代的军事布防以及屯垦图：通古孜巴什为驻军和首脑机关，其间分布着大片葡萄园，外围则分布着大小不等的屯田机构以及耕地，其间的寺庙等场所则满足了士兵们精神的需要。密集的烽燧，则保证了数百平方公里内发生的任何战事，都能够在第一时间传递到通古孜巴什。

资料显示，通古孜巴什驻军数量最多的时候，人数达到了3万人，如此庞大的军队，其战马数量自然也不在少数，正常时期，垦区无法饲养大量的战马，他们便把饲养战马的基地规划在了距离垦区不足百公里、水草丰茂的塔里木河沿岸的唐王城。

邢春林告诉我，目前，新和县正在规划实施一个以通古孜巴什为中心，面积大约在200平方公里的屯田文化遗址公园，一旦得到落实，塔里木盆地历史上的屯田情况将会得到再现。

风雨沧桑它乾城

刘金明

历史悠久的新和县古代为龟兹的西南屏障，分布于县境50余处古代遗址中，经专家考证属于军事活动、屯田戍边的遗址就达10多处，龟兹它乾城就是其中的一处重要古迹。

隐于红柳沙阜间　考古名宿现名城

1928年，北京大学教授、著名学者黄文弼先生随“西北科学考察团”来新疆考察，于岁秋到达新和县。在多日的徒步跋涉中，黄文弼等一行于新和县玉奇喀特乡西20公里处尤勒贡协村西南的荒漠地带发现了一处古城遗址。经询问村民，这一地带又叫“大望库木”，意即“难行的高处沙丘”。黄文弼教授在考古日记中写到：“红柳柘蒿与沙、阜相间杂，大望库木城即在沙阜错丛中……城墙遗址已不可见，唯见土阜高处，四周散布瓦砾甚多，小铜钱散布极广，遗址分布区域规模甚大。”经对地层遗物的清理挖掘，发现了大量两汉时期的五铢钱，汉人用的玉制佩饰、玉斧、玉刀、铁簇及汉砖等古代遗物，他结合文献典籍并依据考古类型学研究，遂断定此处即是《后汉书·班超传》与《梁瑾传》中所载之龟兹它乾城，至此，这座久已湮没、失落的东汉西域都护府所在地——龟兹它乾城被发现了，沉睡千古的历史被揭开了。后我区考古部门人员对此处古迹及邻近的玉奇喀特等古城的发掘，进一步证实大望库木旧城即龟兹它乾城所在地。它乾城被标入《中国历史地图集》。

班超挥师威名震　军城戍逻万里望

新和县龟兹它乾城的历史是和一位古代大英雄及其卓越业绩分不开的，那么，这位大英雄是谁呢？他就是班超。

据历史文献记载，公元73年，东汉政府为了抗击匈奴侵扰，恢复西汉以来对西域的管理，保护西域各族的生命财产，派大将窦宪从河西走廊出关进击匈奴，当时“投笔从戎”的班超作为假司马随军出征。班超以其过人的胆识和智慧，仅率36人，出蒲类（今哈密），平鄯善（今皮山），联合西域天山南路诸国兵力，胜月氏、降温宿（今阿克苏）、收龟兹。东汉永平17年，即公元74年，东汉置西域都护府于吐鲁番，先是派大将陈睦为首任都护，陈睦赴焉耆平叛被杀，东汉政府复又设西域都护府于龟兹它乾城，任班超为都护，后又派任尚、段禧为都护，赵博为骑都尉，均居龟兹它乾城。它乾城遂成为东汉时期整个西域军事和行政的中心，其中班超任都护的时间最长。

陈睦被杀后，汉永元三年（公元91年），班超因军功拜为西域都护，驻龟兹它乾城，汉永元六年秋（公元94年），班超率领龟兹、鄯善诸国兵力7万余人大败反叛的焉耆，生擒焉耆王广、尉犁王汎，“缚于陈睦故城斩之”（《后汉书·班超传》）。讨平焉耆后，“西域五十余国皆平”。第二年（公元95年），功勋卓著的班超被汉和帝下诏封为“定远侯”。班超经略西域30年，在龟兹它乾城任都护12年，从公元91年到102年返回洛阳，这十多年里他以它乾城为军事和行政中心，东安焉耆，南平莎车、疏勒，为了保证龟兹乃至整个西域各族群众的平安，岁发关内丁壮为戍卒，以缯帛为军资，会同当地胡人边民，开屯田供糗粮，设牧槛以畜牛马，从龟兹至中原“军城戍逻，万里相望”，曾使北地匈奴一直不敢觊觎，并同西域的一些反叛势力展开了艰苦卓绝的斗争，终使“西域五十余国悉纳质内属”。班超在龟兹它乾城任都护期间，吏治清廉，严以律已，宽以待人，生产发展，整个龟兹人民安居乐业，西域亦大定。

任尚失职西域乱　三绝三通历风雨

东汉永元十二年(公元100年),班超已至七旬,须发皆白,离杖不能行走，他于龟兹它乾城都护治所上书东汉朝廷:“臣不望到酒泉朱郡,但愿生入玉门关。”汉和帝感其言,征超还,由任尚接任都护职。交接时,任尚请班超留言赐教。超曰是:“年老失智,任君数当大,岂班超所能及哉。必不得已民,愿进愚。君言今性严急,水清无大鱼,政察下不和。宜宽小过,总大纲而已。”任尚听后不以为然,对亲者曰:“我以班超当有奇策,今所言平平耳。”班超返洛阳后,任尚未按班超的劝诫行事,不到三年,由于管理不当,施政过苛,加之将吏贪暴,诸国又乱,西域各地均反对任尚,汉延平元年(公元106年),任尚因失职,以罪征还,其所为不幸而被班超所言中。

任尚返洛阳时,西域南路叛乱已起,东汉政府派段禧为都护,西域长史赵博为骑都尉到它乾城赴任,此时数万叛军向它乾城及龟兹城扑来,情势十分危急,东汉政府又派梁瑾为西域副校尉,率羌胡五千骑由河西出援龟兹它乾城,与都护段禧、骑都尉赵博合兵九千人同守它乾城。但它乾城小,难以固守,龟兹王城大,易守难攻,梁瑾往龟兹王城说服龟兹王白霸,迎段禧、赵博移兵于王城与叛军相持,后梁瑾、段禧适时捕捉战机,智破叛军,并乘胜追击斩首万余人,收复它乾城以西诸国,缴获骆驼、牲畜数万头,龟兹复定。

不久,叛乱诸国又卷土重来,频攻它乾城都护府,公元107年,东汉政府派大将王弘率河西羌族骑兵增援西域，由于将吏歧视少数民族,贪暴无度,结果引起了大规模的羌族起义,“断陇道”,东汉政府下令撤回西域都护等机构,趁此时机,北匈奴又重新占据西域,统治比以前还要残暴,西域诸国“皆怀愤怨”,西域与祖国内地的联系被匈奴隔绝。

公元119年,敦煌太守曹宗眼见北匈奴横行西域,于是派长史索班率兵进入伊吾屯田,索班重入西域,立即得到鄯善王和车师前部王的拥护，然而不到几月，就被北匈奴单于同车师后部王所攻杀。鄯善王向曹宗求救，曹宗于是奏请东汉政府发兵。此时，东汉政府在如何对待西域的问题上发生了争论，掌权的邓太后不同意派兵，但主张在西域复置西域副校尉，“居敦煌，复部营兵三百人，羁縻而已”（《后汉书·西域传》），但仍不能阻止北匈奴单于对河西的侵扰。公元123年，敦煌太守张铛上书朝廷，认为北匈奴“呼衍王常展转蒲类、秦海之间，专制西域，共为寇钞”，提出应该重点打击呼衍王。汉政府从其议，任命班超之子班勇为西域长史，率兵出关。公元127年，班勇击降焉耆，以它乾城为指挥中心，威服龟兹、疏勒、于阗、莎车等天山南路17国，西域复通。

从公元91年东汉政府在它乾城设立西域都护府到班勇平乱，西域“三绝三通”，延至公元152年王敬任西域长史，它乾城经历了近百年的风雨沧桑。黄文弼教授来此考察时，除龟兹它乾城外，对邻近的几处古城均进行了考察，发现多为戍边屯田之所，特别是在它乾城东部，今新和县玉奇喀特乡北部两公里处的玉奇喀特城，后来还出土了“汉归义羌长印”1枚、“李崇之印”1枚、“常惠之印”2枚，由此可见早在西汉时期，新和县西南部就已为稳定西域的军事重地。它乾城的历史给后人的启示就是——新疆自古以来就是我们伟大祖国不可分割的一部分，在祖国几千年漫长的历史进程中，新疆各族人民与全国人民同呼吸，共命运，心连心，早已形成密不可分的整体。

如果你在盛夏的旅游旺季节造访新和县，请安排一定时间，到这座历史名城来看一看，回顾一下它乾城当年旌旗林立、鼓角相闻的历史。

发现之旅

遥远的太太尔盆地

李桥江

太太尔盆地是却勒塔格山中一条狭长的山间区域，传说，盆地就是连接新和与拜城的科克阿斯曼古道必经之地。2006年初夏，新和县相关部门曾经组织了一次探险活动，走进了这个神秘区域。时隔3年后的2009年6月，我来到新和县，踏上了这条危机四伏的神秘之途……

洪水沟

新和县的朋友原计划通过科克阿斯曼峡谷进入太太尔盆地，据说，这条通道需要翻越22个高低不等的绝壁，耗时至少在6小时以上才能抵达盆地。出发前，新和县电视台骞海燕女士告诉我，车辆可以通过一个叫洪水沟的山谷直达太太尔盆地，为了节省时间，我建议直奔洪水沟。于是，我们临时又找了一位向导，加上骞海燕做助手径直奔向了洪水沟。

车在洪水沟内爬行了不足两公里，一道新塌落的黄土崖挡住了我们的路径。徒步深入山谷一公里继续探寻前面的路径，山谷内山势虽然陡峭险峻，随时都有垮塌下来掩埋一切的危险，但是，车辆却可以沿着河谷继续前行，于是，我们返回去开始清理堵塞的河谷。

表面看来，塌落的是黄土和砂石混合而成的土块，实际上清理起来，我们才发现，这种土石混合的黄土疙瘩里面竟然含有相当大的盐碱成分。黄土、碎石、盐碱混合在一起，其坚硬程度可想而知。但是，想到洪水沟的水源主要来自于太太尔盆地以及周边雨雪水的汇集，打通道路是进入盆地的唯一希望，我们只能把自己当成养路工人。两个多小时以后，虽然有的人手破了，有的人鞋子出了问题，但是，山谷终于开通了。车辆在山谷中行驶了6公里左右，狭窄弯曲的河谷，两侧高耸的随时可能垮塌下来的危岩，给本来就极不情愿冒险的两个驾驶员找到了拒绝前进的理由。他们说，车辆发出的响声可能会震动两侧的岩石，一旦发生事故后果可想而知。

无奈之下，我们打算徒步进入盆地。骞海燕计算了一番路程，前方至少还有18公里，如果徒步，晚上肯定要夜宿太太尔盆地。她以自己的亲身经历告诫我，不要轻视这短短18公里路程，更不能轻视神秘的太太尔盆地。如此，我们还不如掉头赶往科克阿斯曼山谷。

不得已，我只好趁大家原地休息午餐时间，采取徒步走出洪水沟的方式，用6公里的行程，感受总长25公里左右的洪水沟的风光。

科克阿斯曼

科克阿斯曼，汉语意思为："可以看到蓝天的山谷"。据说，在洪水沟峡谷探明之前，科克阿斯曼峡谷是一条唯一能够进入太太尔盆地的路径。

科克阿斯曼峡谷距离洪水沟直线距离大概在15公里左右。我们进入科克阿斯曼峡谷不久，我才意识到科克阿斯曼峡谷不过是一条正在形成过程中的山谷罢了。骞海燕说科克阿斯曼峡谷距离太太尔盆地只有8公里，峡谷与盆地并不直接相通，峡谷里还分布着数条类似的山沟。

却勒塔格山为天山支脉，是一条东西走向、绵延200多公里的荒山，最高峰海拔2000多米。按照新和县前期考察科克阿斯曼的情况，峡谷内一共有22道绝壁，最高的石壁高度接近20米，没有攀登工具根本走不通。时隔两年，在山洪的冲刷之下，峡谷内的地形已经发生了很大变化。过去如同石阶般的小石坎，俨然已经形成了高达近两米的石台，以前可以徒手攀登高度两米左右的石台则变成了令人眩晕的悬崖。

这些石阶、石坎、悬崖的形成与却勒塔格山体的构成密不可分。却勒塔格山主要由松软的砂岩以及一种相对坚硬的灰色岩石构成。这两种岩石原本相互叠压埋藏地下，随着地壳运动，地层出现断裂，这些本来埋藏在地下的岩石露出地表，并发生了侧转，形成了岩石脉络东西走向的却勒塔格山，东西走向的大山遭遇南北流向水流的切割，松软的砂岩很快被水流消解了，而坚硬的灰色岩石则形成了峡谷中的石阶状垂直的悬崖。

这是一种非常有趣的地质现象。以往，我所看到的峡谷大多是已经定型，并且正在走向衰落的

峡谷。科克阿斯曼峡谷却以一个非常年轻的面孔展现在我面前，我不能不为此感到兴奋。

科克阿斯曼峡谷内没有任何生命迹象。据说，汹涌的洪水大多来自每年7月以后的暴雨。洪水过后，除了留下水流冲刷过的痕迹之外，整条山谷内也找不到任何水的影子。不知道什么原因，我的视觉竟然连续出现了误差，明明看到洪水冲刷的山崖边上留存着一汪水，走到跟前，我看到的所谓的水就变成了大水退去之后，留在石壁上的一滩水渍。

奇怪的石头

据说，科克阿斯曼峡谷内遍地都是玛瑙，峡谷深处还分布着石英石、石灰石、云母、铜矿，甚至宝石等矿产资源。

我没有找到所谓的玛瑙，经过辨认，一些人所说的云母，不过是石膏而已。不过，一种被当地人称为石膏的石头却非常奇特。这些石头的外部包裹着一种类似大脑皮层状的物质，当地人也因此称之为“人脑石”。“人脑石”外部形状奇特，内部情景更令人吃惊。搬一块石头砸开之后，里面竟然如同温润的玉石一般，色泽有淡青、浅白等数种。

2008年，当地人开始进入山谷拣拾这种石头。有些人将其视为奇石，有些人则将其当成雕刻摆件图章的材料。当地的一位朋友说，这种石头很软，用普通的钢锯就能切割。雕刻出的器物与玉石作品没有什么区别。这位朋友坚持认为“人脑石”就是石膏。但是，我对此却不能不表示怀疑。或许这位朋友的看法有一定的道理。因为峡谷内确实分布有石膏矿脉。至于传说中的宝石，从山体岩石的成分来看，这里根本不具备生成任何宝石的地质条件。

我注意到，这里还缺少一种比宝石还珍贵的东西——生命。我仔细看了我经过的所有地方，包括高处的山体，整个山谷内竟然找不到一丁点的绿色。不仅如此，天空也看不到飞鸟，阴凉处也没有蚊虫以及爬行动物。科克阿斯曼简直就是一个不折不扣的死亡之地。由此，我对科克阿斯曼山谷曾经为古道之说产生了怀疑。

至于山谷内发现的奇怪石头，回来之后，我查阅了一些资料，这种石头很可能是石英石或石灰石与石膏的共生体。从这个意义上来说，“人脑石”还真是石膏。

太太尔盆地

新和县电视台骞海燕曾经先后从科克阿斯曼和洪水沟进入太太尔盆地，谈到这些经历，骞海燕至今依然心有余悸。

太太尔盆地全长20余公里，最宽处约7公里左右，盆地中间的区域异常平坦。在骞海燕看来它们就像是神秘生物修建的一个大型起落平台。如果真的有外星人，这里则有可能是外星人修建的类似飞机跑道之类的东西。“跑道”两侧是高大的原始梭梭林，林中时不时窜出一群惊慌失措的黄羊。看到人，这些黄羊扭身便又钻进梭梭林。最让人吃惊的是盆地中还分布有数群骆驼。有人说，这些骆驼是野骆驼，也有人怀疑它们是牧民丢失的骆驼。但是，不论是什么骆驼，这些家伙无疑已经完全野化了，它们见到人所表现出来的恐惧丝毫不亚于黄羊。

太太尔盆地有一条经由洪水冲击形成的沟渠，沟内有水源，茂密的芦苇、红柳、骆驼刺、枸杞、野葡萄、沙枣、梭梭等植物几乎覆盖了整条洪沟。顺着洪沟冲刷形成的水流方向，骞海燕一行人曾经来到了洪水沟的尽头，也就是盆地南端，封闭的盆地在这里赫然出现了一个不知深浅的山谷。当时，有人推断山谷可能通向新和县方向，遗憾的是由于此前没有任何人知道盆地里有出口，他们错过了通过洪水沟返回新和县的机会。

无论从盆地内的植被情况，还是野生动物分布情况来说，在骞海燕等人进入之前，太太尔盆地几乎就是一个人类没有涉足的地方。或许正是这个原因，骞海燕等人头一次进入盆地不久便在其中迷失了方向。进山之前，他们以为路程短加上天气并不十分炎热，有些人忽视了水的重要性，结果出了意外，携带的水当天下午就

用完了。

天黑之后，白天蒸笼一般的盆地变成了一个寒冷并且危机四伏的世界。总算熬到天亮，太阳刚刚爬上山头，有人便出现脱水现象。幸好救援人员及时赶来。骞海燕看到队里几个表现最顽强的男人流下了泪水。付出总有回报，后来证实他们在盆地南端发现的山谷就是洪水沟。

2007年5月，骞海燕等人穿越洪水沟再次进入盆地。黄羊群依然四处躲避奔逃，骆驼群却消失得无影无踪。他们走遍整个盆地，结果却发现了5具破败的骆驼尸骨，其中既有成年骆驼，也有小骆驼。

探秘托乎拉艾肯石窟

李桥江

新疆大地上分布着许多佛教石窟遗址，经过近一个世纪中外学者的考察研究，大多数石窟的历史情况和壁画内容已为人所了解，但是，新和县境内的托乎拉艾肯石窟群，却因为多种原因，至今依然独处荒山野地，保持着一种鲜为人知的神秘。

2009年夏天，我来到了托乎拉艾肯石窟，开始了我的探秘之旅。

胡杨沟现状

托乎拉艾肯是胡杨的意思，有人因此称托乎拉艾肯石窟为胡杨沟石窟。史料记载，最早来到托乎拉艾肯石窟的是我国著名考古学家黄文弼。1959年，新疆文物调查组武伯纶等人到新和县调查古遗址时，再次进入石窟。然而，限于当时的条件，人们对该石窟的研究考证工作一直未能进行。

1987年，新和县一个叫刘金明的人为了配合地方志编纂工作，来到托乎拉艾肯石窟，从此他便与石窟结下了不解之缘。

托乎拉艾肯石窟位于新和县西北约40余公里处的却勒塔格山脚下，各洞窟分布于几处高低不等的小山包沙岩崖壁上，呈东西走向，以山谷为界分东西两部分，相距约10余里，其北缘与山中的一处较大的绿洲相接。东部约有6至7个洞窟，大部分坍毁严重，留存较好的是西面山坡上的19个洞窟。窟区西北山坡上有一较大的地面寺院遗址，但大

部分已毁，仅存基台和土墩。托乎拉艾肯石窟总洞数为26窟，开凿规模类似于库车县西的克孜尔尕哈石窟和拜城县城西的托克拉克石窟，属于一个小石窟群。我们抵达胡杨沟正赶上最炎热的正午。毒辣辣的阳光倾泻在千沟万壑、赤裸裸的黄土山体之上，整座大山犹如熊熊燃烧的火焰，向外喷射着令人窒息的热浪，蜿蜒狭窄的胡杨沟则变成了一个"蒸笼"。让人纳闷的是沟内矮小稀疏的胡杨却以一种罕见的新绿，兀自伫立在烈日之中，丝毫没有怕热的样子。仔细观察这些胡杨，一个奇怪的现象同样令人费解。胡杨的枝干虽然大多只有不足两米高，但是，其扭曲变形露出地表的主干或者根部却异常粗大。显然，这些小胡杨树的实际年龄与它们的长相有着很大差别。

奇特的胡杨树或许与沟底已经干涸的小溪有关。这一幕不禁让我抬头观察起高高在上的几个可以看到的石窟。黑洞洞的石窟距离沟底垂直高度超过了百米……依稀可见的陡峭的阶梯状通道……虔诚的僧侣……维持生命的水……来世的寄托……我为曾经在这里修行的僧侣们而动容。

解读壁画

时过境迁，如今刘金明已经从新和县旅游局局长任上退休，他对托乎拉艾肯石窟的研究也成就了他龟兹石窟文化艺术研究专家的身份。

他的研究成果表明：托乎拉艾肯石窟中的壁画题材是按禅观

的要求依据佛经而绘制的。窟区存有壁画的为西区第1号、第2号和第14号窟。第1号窟和第14号窟，壁画侵蚀严重，两窟仅存窟室左右立壁下部说法图及上部无法辨认的菱格画残迹。第2号石窟存有大部分精美壁画。该窟分前后两室，前室正壁中心下方开一佛龛，坐佛雕塑已不存在，佛龛上方绘满了菱形格塔中坐佛像，呈四方连续装饰性构图，每一菱形格塔中坐佛旁均有人物或动物，内容属于佛传故事。

托乎拉艾肯石窟壁画，绘制上多以西域盛行的“凹凸法”、“晕染法”表现，手法纯熟，色彩鲜明。主要用石青、石绿、朱砂、土红、靛蓝、白石灰等颜料。艺术风格属于典型的“龟兹风”，是龟兹壁画成熟时期的作品，特别是2号石窟的壁画，是该窟区绘制技艺最高的一个洞窟。

从托乎拉艾肯石窟各方面的迹象看，该处石窟约兴起于南北朝时期，盛于初唐，衰于元代，前后经历了约七八百年，属于小乘佛教遗迹，是一处发展历史较长的石窟群。

骆驼刺花开

拜谒过几个残存的石窟，我发现了一个令人欣慰的现象：毁损托乎拉艾肯石窟的主要原因是自然因素：比如雨水以及地震。由此推断，托乎拉艾肯石窟已经塌陷的石窟内很可能埋藏着古代僧侣的信息。

同伴们依然在洞窟内流连。我躲在9号石窟内乘凉,透过坍塌的窟门,我突然看清了胡杨沟的全貌。赤裸,但是却没有了水,肉身必需的水。一天清晨,当僧侣们提着木桶来到沟底,发现潺潺的溪水干涸了,众僧在想什么呢?托乎拉艾肯石窟的结局不就是我所看见的今天?

我顺着沟底向胡杨沟的深处漫游,期望在这里找到生命的源泉。甚至想到,假如我喷涌的汗水能够缓解这里的干旱,我情愿化成胡杨沟里的一汪泉水。汗水迷离了我的眼睛。我听到生命的翅膀扇动发出的响声,接着,我的手臂被刺痛了。我面前出现一簇繁茂的骆驼刺。

此前,我从来没有仔细观察过骆驼刺的花朵。如果不是嗡嗡的蜜蜂振翅的声音,如果不是骆驼刺的挽留,我很可能再次失去观察这种植物的机会。

骆驼刺的叶子鲜绿无比,这种绿色甚至浸染了骆驼刺的枝条。骆驼刺的花如同缩小的豌豆花。难得的蜜源,难得的花期。荒野中所有的蜜蜂可能都汇集到了这簇骆驼刺上。它们争夺花蜜发出的喧闹声,甚

至在沟内引发了巨大的回音:嗡嗡……嗡嗡。它们甚至意欲将小小的花瓣当成蜜源采撷……我看到骆驼刺的花凋谢了。我看到骆驼刺开始孕育种子。种子成熟了,肉眼所看见的茂盛的骆驼刺必然要走向凋零的日子。但是,它们已经培育了无数种子。

这些种子或许留在原地等待着萌芽的雨水,或许随着风随着鸟已经飞向远方……托乎拉艾肯石窟不就是骆驼刺?

托乎拉艾肯遐想

炽热的阳光炙烤着大地,热浪将荒原上的麻黄和石头扭曲成一些虚幻的影子,它们随着蒸腾的暑气,失魂落魄地四处游荡。没有水,也找不到任何阴凉。大地已经干渴而亡,天空逃到了太阳背后,风嫁给了无形的火焰。

躲在托乎拉艾肯石窟的僧侣们已经没有汗水了。炽热和干旱,凝固了开凿洞窟的挖掘声。这一刻,敲击木鱼的声音也熄灭了。然而,没有哪个僧侣想到离开。他们灵魂中回旋着同一个召唤:既然做了选择,肉体便是一种虚妄,由此产生的一切不过是虚妄的虚妄。

远方隐隐约约传来了雷声。僧侣们拥出石窟,他们吃惊地发现荒原尽头竟然出现一个飘渺的人影。隆隆的雷声越来越近,荒原上的行者步伐稳健而有力,飘浮的蜃气变幻出来的幻象,在来者的脚下破裂成无数碎片,随即还原为大地上真实的石头和麻黄。众僧纷纷来到阳光下。沟壑纵横,了无生机的却勒塔格山前山地带的黄白色的悬崖上,出现了一团一团褐黄色的人群,他们双手合一,目不转睛地注视着荒野上的来者。

来者法名悟空,是一位云游高僧。他来自一个遥远的地方,抵达龟兹之后,悟空先后在苏巴什寺和正在开凿过程中的雀离寺(克孜尔石窟)讲经说法。有一天,悟空听说却勒塔格山南部胡杨沟是一处修行的好地方,但是,无情的干旱正考验着那里的僧侣,于是,他许下心愿徒

步走过荒原赶了过来。

圣僧大德降临，大地似乎也有了灵性。喷涌的泉水裂地而出，胡杨沟底那条断流的溪水转眼之间活起来了。泉水滋润着干渴的山谷，胡杨复活了，骆驼刺复活了，柽柳复活了，麻黄泛绿了，梭梭醒来了，芦苇开花了。

托乎拉艾肯石窟复活了。

印章上的塔里木史

李桥江

2009年初冬时节，我在新和县采访，听说当地村民在通古孜巴什古城内拾到一枚刻有汉文的玉制古印，联想到此前当地先后发现的国宝级文物西域都护府都护“李崇之印”，以及“汉归义羌长印”，我立即赶往了印章发现地玉奇喀特乡先锋农场。

意外收获

塔里木盆地的初冬完全是一幅北方深秋美景。防风林带黄色的杨树叶，格子状的棉田里白色的棉桃，摘棉花的妇女们彩色的头巾，野地里猩红色的红柳丛，果园里依然高居枝头的阿克苏苹果，加上即将见识珍贵古印的迫切心情，不知不觉，我们已经来到陈寿林家。

发现古印的并非陈寿林，而是他的儿子，37岁的陈继虎。然而，看过古印，我大失所望。所谓古印不过是一枚造假手段粗糙的假货而已。我的鉴定结果，在陈继虎的脸上飘过一丝狡黠的笑意。随即，他又搬出一堆瓷器、字画，引起陪同我采访的两位当地朋友的极大兴趣。他们与陈继虎交流古玩知识，我与陈寿林交谈起来。

陈寿林，64岁，1960年来到新和，1976年落户农场。他来的时候，农场已经有一批上海支边青年。农场的历史就是由这些支边青年开创的。1979年，最后一些上海支边青年离开了农场，有关这段历史的实物资料就剩下野地里的十几个坟冢。上海人走了，像陈寿林一样来疆的汉族家庭，以及个别后来搬迁到此的维吾尔族农民成为农场的新主人。

先锋农场——是新和县一个偏僻的地方，这里野草丛生。我们来的时候，驾驶员就先后三次走错了路线。试想倒退50年，初来乍到农场的支边青年会有怎样的感受。公元前60年，郑吉率领中原士卒，以及当地百姓在西域大规模屯垦情形又会如何？

我产生了凭吊尸骨埋在农场的上海支边青年的念头。陈寿林告诉我，路不好走，而且还有一段路程。他这会儿没有空带我去。他说：现在每年8月县里干部都会带一些外地人来上坟，祭奠这些农场的先驱。

欣慰之余，我想到了另一位埋藏在西域这片土地上的人物——西域都护府都护李崇。李崇的印章就出土于农场附近的玉奇喀特古城遗址。

李崇之印

现有史料记载，西汉历任西域都护18人，首任郑吉，最后一任即李崇。"李崇之印"的出土，对我们了解西域的屯垦历史提供了帮助。遗憾的是，在已经掌握的史料中有关李崇的记载很少，不过，有关首任都护郑吉的文字不少，著名学者薛宗正先生对此也颇有研究，通过这些文字，一张塔里木盆地屯垦的历史图清晰起来。

汉开西域的胜利乃是同游牧强族匈奴之间综合实力较量的结局，汉军人数的众多和雄厚的丝帛资源在军事和外交较量中都占有优势，所遭多次重大挫折都是由于长途行军，粮馈不足。诸如征和四年（公元前89）开陵侯成娩主持的二争车师，虽破其国，降其王，而士卒道死饥饿者多达数千人。

汉军就地屯田、就近运粮是唯一解决汉朝开拓西域这一军粮供应难题的方案。因此，在贰师将军李广利第二次伐大宛刚刚奏凯还朝的太初四年（公元前101），武帝就派出了使者校尉督率汉军士兵在轮台、渠犁一带屯田。

文献史料中见诸记载的武帝时期屯田地点还有创建于元封六年(公元前105)的眩雷,位于乌孙北、楼兰、北胥鞬、赤谷、伊吾等地。这些屯田分布虽然很广,但真正能够坚持下来,并且在以后汉朝统一西域过程中发挥决定作用的屯田地点, 主要是郑吉所经营的渠犁屯田,以及楼兰、伊循的屯田。

郑吉是以屯田建功西域的一代名将。他所经营的渠犁屯田曾经是西汉最大的粮仓。后来,随着汉军在车师争夺的不断胜利,屯田地点又东扩至交河、高昌一带。至神爵三年(公元前59)西域都护府创立之后,“匈奴益弱,不得近西域。于是徙屯田,田于北胥鞬,披莎车之地,屯田校尉始属都护”。

班超、班勇父子经营西域期间,汉军在西域屯田的规模进一步扩大。玉奇喀特古城遗址即为汉驻西域的军事行政重镇之一。

羌长之谜

玉奇喀特古城遗址还出土了一枚刻有“汉归义羌长”的古印,两枚“常惠之印”,及其他大量以汉代器物为主的多种文物。

常惠何许人?史料中有这样一个记载:公元前72年,汉将常惠将乌孙兵破北匈奴,还师时围龟兹,斩杀赖丹主凶姑翼,此后汉军恢复了渠犁屯田。

玉奇喀特遗址为汉代古城,那么“常惠之印”是不是汉将常惠的私人印章呢? 我以为,汉将常惠与“常惠之印”的主人同属一人。

“汉归义羌长” 就是西汉时期中央政府任命的地方羌族首领,“汉归义羌长印”则是羌长的官印。在中华文明的历史中羌是一个古老的民族。如“羌笛何须怨杨柳,春风不度玉门关”中的“羌”,指的就是羌人。玉奇喀特遗址出土“汉归义羌长印”,对我们了解当时中央政府治理西域采取的政策提供了实物材料。唐代则有众多地方民族成为一方都护，如地处中亚隶属于安西大都护府的濛池都护府、昆陵都护府，其都护就分别是阿史那步真、阿史那弥射等等。

新和县隶属古龟兹之地。龟兹土地肥沃，物产丰富，位居丝绸之路要道，西域都护府和安西都护府、安西大都护府的建立，进一步推进了龟兹地区经济的发展，使之成为丝绸古道上一个最发达的经济区域。

货币是经济发展的产物，现有研究证实，公元前2世纪“汉五铢”即开始出现于龟兹的经济交往之中，之后，出现龟兹本地铸造钱币“汉龟二体铜钱”。即铸有汉字和龟兹两体文字的铜币。新和等地曾经多次发现此类铜币。1986年，库车文管所曾一次发现万枚此钱。2009年3月，我在通古孜巴什古城西面的沙丘拾到一块铜钱残部，从腐朽的字迹上来看，很像“汉龟二体铜钱”。

“汉龟二体铜钱”是在汉五铢货币体系基础上铸就打的，深受汉代货币制度影响。进入唐代，海内一统，“开元通宝”、“大历元宝”和“建中通宝”等等成为龟兹以及西域其他区域的货币。

谁能否定货币不是一种历史的印章？

时空之旅

其他人还在观看那一堆赝品，我却想更多了解一些陈寿林的家居环境。于是，我独自走出房间。空气中弥漫着乡村特有的柴草燃烧的味道，在棉田里晃悠一圈，陈寿林家南面一片绿油油的蔬菜地煞是诱人。跳过一道水渠，我还在小心脚下拌腿的枯枝败草，不想眼前一亮，我已经进入环境优雅，满目翠色的大菜园。

小葱、菠菜、芹菜、葫芦……架上的豆角……不对呀，明明是初冬季节——即便塔里木盆地冬季无雪，接近零度的气温也不适宜夏季蔬菜的生长——菜园里尽是些夏季蔬菜？豆角架间一个眉清目秀的女子吃惊地望着我。

我记得女子分明是陈继虎的妻子，但是，她的发型和服饰却判若两人。四顾周边环境，季节也不是塔里木的初冬。

“你……想干什么？”女子警觉地看着问道。

“我？……采访呀。你，不是陈继虎的妻子？”

“呵呵。奇装异服。你从哪来？胖大哥，不像突厥人，也不是吐蕃人。”女子好奇地问道。

“什么乱七八糟的。我就是我，和你一样是汉族。”

“是将军让你来的？”女子恢复了常态，一边摘豆角，一边问。

我想女人一定是疯子，便随口答道：“是的。”然后，走出菜园，向陈寿林家走去。

黄色的杨树叶，干枯的棉花杆，白色的棉桃，冷飕飕的空气……蓦然回过神来，我正盯着几田子大白菜和葱出神。我自忖唐朝在西域的劲敌的确是西突厥和吐蕃。

回到屋里，陈继虎掂着印章对我说：这个是唐代的东西。真的。唐朝时，我从一个看守古城的老汉手里买的。过去，新和到处都是屯垦戍边的唐军。

印章是赝品。陈继虎所说的唐军屯垦戍边却是真实的。到了唐代安西都护府及安西大都护府时期，唐朝统治西域的时间远远超过前代。驻军多，驻地广，屯垦经营的发展更是达到了前所未有的规模。唐代名将郭孝恪、高仙芝、封长青等均长期驻扎于此。

安史之乱，安西都护府大部分兵将内调平叛，留守副大都护郭昕在犹如孤岛一般的龟兹，率领少数士卒以及当地民众，一直坚守到8世纪末9世纪初，他们的驻地很可能就是新和境内的通古孜巴什古城遗址。

目前，塔里木盆地屯垦依旧，汉唐形成的屯垦建置辐射至今，屯垦规模则超过了历史上所有时期。

寻访鸠摩罗什出生地

霍旭初

被誉为中国四大佛经翻译家之一的鸠摩罗什，公元344年，出生在龟兹。父亲鸠摩炎是印度人，母亲耆婆是龟兹国王之妹，鸠摩罗什自幼聪慧，初学小乘佛教，后改宗大乘。至青年时，鸠摩罗什在大乘学上成就斐然，他“道震西域，名被东国”。鸠摩罗什的巨大声望，成为中原前秦皇帝苻坚发动西伐龟兹战争的原因之一。

鸠摩罗什被前秦大将吕光携虏东归，有至姑藏（今日甘肃武威）时，苻坚战败于淝水，前秦灭亡。吕光在姑藏建立后凉政权，鸠摩罗什在姑藏滞留17年。吕光不信奉佛教，无奈的鸠摩罗什没有浪费时间，抓紧学习汉文，为后来在长安翻译佛经打下了良好的基础。公元401年，鸠摩罗什入长安，成为后秦国的国师。他在长安翻译了30余部300多卷佛经，对我国佛教事业发展起到了巨大的推动作用。鸠摩罗什翻译的佛经，成为东方佛教的根本大典。朝鲜、日本佛教的发展也与鸠摩罗什有极大的关系。鸠摩罗什是当之无愧的世界性文化伟人。

1994年，在克孜尔石窟召开了纪念鸠摩罗什诞辰1650周年国际学术讨论会。会间，有学者问，鸠摩罗什是龟兹人，那具体出生地在什么地方？当时谁也回答不了这个问题。这一提问倒是刺激了我，这是个非常值得探讨的问题，于是萌生了寻找机会探考鸠摩罗什出生地的念头。

新疆龟兹石窟研究所与新疆美术摄影出版社计划联合编辑出版大型画册——《龟兹》，为搜集资料，我们新疆龟兹石窟研究所组成了考察小组，对龟兹地区古迹遗址进行踏查。这正好为寻访鸠摩罗什出生地提供了极好的机会。

根据考古学家的考证，古代龟兹都城有两个时代区域，汉代、唐代的龟兹都城基本在一个区域，魏晋南北朝的龟兹都城在另一个区域。经我国著名考古学家黄文弼先生考证，汉、唐龟兹都城即现在库车的皮朗故城，魏晋南北朝龟兹都城在现在的新和、沙雅境内（古代均为龟兹之地）。

公元344年，正当东晋、十六国时期，鸠摩罗什是龟兹王妹之子，必定出生在王宫内。所以，鸠摩罗什出生地自然要锁定在魏晋时期龟兹都城范围内。据文献记载，当时龟兹都城规模比较大，《晋书》载："俗有城郭，其城三重，中有佛塔庙千所……王宫壮丽，焕若神居。"《梁书》也载："城有三重，外城与长安等，室屋壮丽，饰以琅金玉。"其范围有多大呢？《北史》、《魏书》都说龟兹都城"城方五六里"。《通志》记载，吕光征服龟兹后，见到龟兹王宫的华丽，命下属的参军段业写了《龟兹宫赋》，讥讽龟兹王宫的奢侈，可惜此赋早已佚失，无法得知其内容，但它是因龟兹都城的豪华而写，反映出龟兹都城的雄伟壮丽。

有三重城是魏晋时期龟兹都城的最大特征，寻找三重城就成为寻找鸠摩罗什出生地的关键。黄文弼先生在《塔里木盆地考古记》中记载沙雅、新和县境内各有一处三重城的遗址，于是，我们就根据黄先生提供的线索，踏查了这两处古城遗址。

我们首先来到沙雅县英买力乡北约5公里的羊塔克协海尔古城。说起羊塔克协海尔古城，我并不陌生。1966年，我参加社会主义教育运动就在英买力乡，有一次社教干部开大会，会场就在羊塔克协海尔村，我们是步行前往的，快到村时，就见范围很大的土城墙，墙高约2至3米，墙外侧还保存着多处马面，我们是从西面一个大豁口（可能就是原来的西门）进村的。记得城内还散落着许多古城的残墙断壁。可是20多年后再次来到羊塔克协海尔村，外城墙已经基本看不到了。据说是农民将土墙挖掉当"肥料"了。我们绕村转了一大圈，只见到不连贯的几

道土梁，据说是内城的遗迹。在村子偏东北方向有一约3米高的土台，可能是宫殿的遗迹。据黄文弼先生的记录，他当时测量外城周长约3351米，内城周长约510米，他认为与史书所记的“城方五六里”相当。现在沙雅县文物部门将此城定名为“乌什卡特古城”，乌什卡特在维吾尔语里即三重之意，但当地老乡还是习惯叫羊塔克协海尔，“羊塔克”是骆驼草的意思，协海尔是城的意思。

另一处三重城在新和县西南18公里，当时维吾尔族老乡一直就将其叫玉奇喀特，现在的玉奇喀特乡政府设在古城附近。我们是3月间去的，树木枝叶刚刚发芽，不甚茂密，站在城中高处可看见由近到远三道城墙的遗迹，虽然只剩下低矮的土梁，但三道城墙还是能让人感受到相当的规模和气势。三道城范围内共有1740亩地，外城东西长1.45公里，南北宽0.8公里。与沙雅境内的羊塔克协海尔古城一样，于内城偏东北有一较高大的土堆，高约5米，长约20米，这可能也是一宫殿的遗址。在该古城发现有“汉归义羌长印”、“李崇之印”等多枚铜印，考古价值极高。提示该城是古代龟兹的重要城堡，也印证着龟兹与中原的紧密关系。

两处古城北部都有高大的建筑，这不像是巧合，必是都城建筑格局所定。这不由让人联想到中原北魏洛阳和隋唐长安城的建筑格局。其中有什么历史和文化关联？虽然是一种猜想，但不失是一个研究龟兹与中原文化交流的新思路、新视角，值得深入探索。

两个三重城，究竟哪一个是魏晋龟兹都城？黄文弼先生根据在两个故城考察发掘的文物,结合史籍记载的地理方位和古代"丝绸之路"的走向，认为沙雅境内的羊塔克协海尔古城是魏晋南北朝的龟兹都城。我们通过实地考察并结合诸家的考证,认为两个三重城都可能是龟兹的都城。但有一点,我们必须把新疆特有的绿洲生态特点考虑进去。绿洲是依靠冰山雪水融化成河灌溉土地的,这种河流有季节性和不稳定性,经常因水源和流域的变化而移动。羊塔克协海尔与玉奇喀特都在渭干河灌区,渭干河即北魏郦道元《水经注》记载的西川水,当时流域面积很大。可能是因为河水的变迁和增减,造成都城的迁移。这种迁移有逐渐向东发展的趋势。根据玉奇喀特的地望情况、规模特征和出土文物分析,我们倾向玉奇喀特是魏晋早期的都城,故鸠摩罗什出生地在玉奇喀特的可能性比较大些。我们希望能有新的考古资料、考古发现,使鸠摩罗什出生地的探索取得新进展。

同“茶马古道”相媲美

——新和发现一条“油马古道”

杜刚　骞海燕

滇、川、藏“大三角”绵延盘旋着的“茶马古道”早已名满天下。而在新和县,同样有着一条可同“茶马古道”相媲美的“油马古道”。

5月初，我们在新和县城以西40余公里处的却勒塔格山科克阿斯曼峡谷(又叫“蓝天”大峡谷)内踏访到一段古道。据说这段古道是以前维吾尔族商人从伊犁河谷经拜城到新和、沙雅乃至和田的贸易商道,由于是用马匹驮着食用油经过这里,所以又称为“油马古道”。随着时间的流逝,如今峡谷内有的路段宽不足1米,马匹再也无法通过。最近几年,长期尘封的“油马古道”残迹陆续被发现。加上近日新发现的这一段,到目前发现并探明的“油马古道”总长约30公里。

据史料记载,这条“油马古道”是晋代以前人们发现并使用的一条古道,是古龟兹通往天山西段北缘的一条重要通道,隋唐时期使用最频繁,大队的“油马”队伍都要经过这里。清代、民国时期还有许多个体商贩从拜城通过这里把清油卖到新和,续写着“油马古道”的历史。

走在这寂静的千年古道上,仿佛穿越了时空,耳边似乎响起了古时的马蹄声,眼前浮现出了古商队来来往往的繁荣景象。同行的向导说,这条通道在古代时期较为平整,有潺潺的小溪流水,后来因洪水泛滥长年冲刷,山体滑坡导致通道被许多巨大的山石阻挡,难以通行,时间一长慢慢地就被遗忘了。

专家认为,“油马古道”是目前新疆境内现存不多的古道之一。

新和发现疑似“太岁”

杜九林

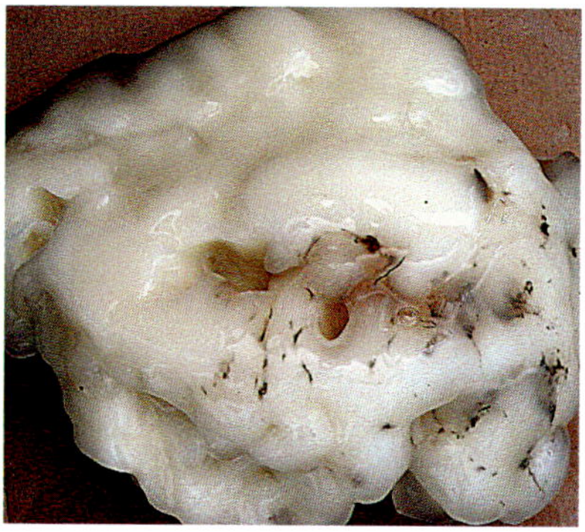

2008年6月30日早晨，新和县依其艾日克乡菜场村一农民在自家院内发现一块白色块状物体，长约45厘米，宽约30厘米，厚约3厘米，重约5.5公斤。因为从来没见过这样的东西，农民认为是头天晚上下雨闪电时从天空掉下来的“怪物”，当天送到了乡政府。为及时弄清情况，乡政府及时联系相关部门请求鉴定。

据中科院新疆分院理化所研究员、新和县科技副县长邢春林介绍，此物很可能是民间谈论已久的“太岁”，是一种生活在水中的黏性复合菌类生物，这种生物习惯生活在潮湿的土里，而在南疆塔里木盆地边缘干旱半干旱地区发现实属罕见。有专家认为，“太岁”是迄今为止发现的最古老古生物活体标本，科技界对这种生物的特性及其他研究还在继续，目前没有确切定论。

乐器村庄

新和乐器村记录千古绝唱

黄　河

新和县依其艾日克乡加依村是一个以制造乐器而远近闻名的富裕村，全村215户村民中有105户村民都以制造乐器为生。村里的乐器不但闻名疆内外，还远销到了北京、上海、德国、法国等地。

上百年的乐器制造史，从第一个乐器人到如今，百年光阴，这个村的村民看到了乐器的美好明天。

一天挣了两万元

6月的一天，听说我们要买民族乐器，县里干部把我们带到了离县城不远的依其艾日克乡加依村，车子驶进村子后，停在了一条小巷口，“这一巷道的人全是制造乐器的，我们下车慢慢挑吧！”

我们朝巷口深处走去。忽然，一阵悠扬的音乐声从一栋房子里传了出来，村民们告诉我们，这家主人叫克尤木·卡迪尔。

我们走进大门后，看见门的左边立着很多木头架子和一排还没有砌好的砖墙。院子里有个电锯，电锯旁边堆满了各种大小的薄木板，一堆锯木显露着刚刚锯过的痕迹。

大门的右侧，立着两间低矮的土块房，克尤木·卡迪尔从低矮的土块房里走了出来，“我的新房还没有建好。”他不好意思地挠挠后脑勺，把我们领进狭小的屋子。

“哇，这么多乐器。”进入里间后，同行的老师惊呼起来，展现在我们面前的是一排排整齐地挂在大炕墙上的乐器，而大炕上也堆放着许多乐器，我们数了数，有48个。

“太棒了！”大家都凑到跟前，仔细端详起来。

最后，西域文化研究所的老师在他家买了一个弹拨尔，两个都它尔，三件乐器一共1500元。

“你们一年能卖多少钱？”“大概两万元吧！”克尤木·卡迪尔笑着说。

他还告诉我们，他最多的那次是在库尔勒卖乐器，“那次，我一天就赚了两万多。”克尤木·卡迪尔抑制不住兴奋。因为价格卖得好，所以克尤木·卡迪尔想到今年盖新房子。

克尤木·卡迪尔告诉我们，他制造乐器已经有8年时间了。

“那时候家里穷，媳妇也娶不到。没办法，思前想后，最后就想到了去学门手艺，和邻居一样有个手艺，日子就好了。后来，我就跟村里的人学起了制造乐器。现在日子好过了，老婆孩子都挺好的。”

闲聊中，我们了解到，克尤木·卡迪尔有三个徒弟，其中最小的徒弟就是自己5岁大的小孩，“孩子从小就学，以后做的一定比我好。”而另两个徒弟一个是自己的弟弟，一个是邻居。

共同的师傅

人说吃水不忘凿井人。凡是会制造乐器的村民，都不会忘记该村的老前辈司马义·尤努斯。

虽然老人去世了，但只要有人走进加依村了解乐器的情况，村民都会提出老人。“他是我们共同的师傅。”说起司马义·尤努斯，克尤木·卡迪尔露出敬佩的目光，他把我们带到司马义·尤努斯的家。

4米宽，3米多高的大铁门气派极了，村民说，老人家最先翻盖了房子，还率先买了摩托车。老人用最现实的富裕让村民感受到了学手艺的重要，很多村民就这样成为他的徒弟。

今年45岁的努尔迪·司马义是老人的小儿子，我们进入院子时，他正在给即将做好的弹拨尔上漆，而他旁边，13岁的儿子艾合买提·努尔迪正在给他帮忙。

“父亲总共有30多个徒弟，这些徒弟都已经有四五十岁了。”努尔迪·司马义给我们讲述了老人的情况。

60年前，刚刚20岁出头的司马义·尤努斯继承了父亲一间10平方米的土房子，另外还分到了五亩地。地里一年才能收入5000多元，怎么盖新房，娶老婆呢？司马义·尤努斯思考着怎么摆脱贫穷。

那一年，远在喀什的姑妈来到他家，看到他一贫如洗的状况，就让他学起制造乐器。

学了两年，他带着梦想，做起了属于自己的第一个弹拨尔，之后就有了第二个、第三个……

做好乐器后，妻子就拿到县城去卖。后来，他的生活因为制造乐器有了起色，再后来，他成了村里第一个富裕起来的农民。

乐器的前世今生

在加依村，司马义·尤努斯成了名人，成了远近闻名的富裕艺人，为了和老人一样过上好的生活，村民都来找他了。

老人教的第一个徒弟是木孜·阿帕尔，今年67岁。老人听说我们在采访，激动地拉着我的手，一连说了很多。通过翻译，我们了解到，老人说，要不是司马义·尤努斯，他就没有今天幸福的生活。

木孜·阿帕尔15岁时开始跟司马义·尤努斯学徒。木孜·阿帕尔家里兄弟姐妹多，日子过得紧巴巴的。“兄弟一多，父亲就想让我们都出去，学手艺干什么都行。”木孜·阿帕尔眼里噙着泪花，“我跟着师傅干了很多年，师傅是个好人。”就这样，木孜·阿帕尔跟着司马义·尤努斯学了两年，又干了10年，直到自己妻子生了小孩，他才离开司马义·尤努斯。

木孜·阿帕尔告诉我们，司马义·尤努斯有30多个徒弟，这30多个徒弟，就代表着30多户村民都是老人的徒弟，到了后来，全村215户中有105户都在制造乐器，这105户村民，都有了老人的徒弟和徒孙。

“跟着师傅那么多年，我学到了很多东西，师傅让我把乐器发扬光大，我就想到了改良纯手工业，用机器代替。”1993年，木孜·阿帕尔率先引进电木锯，代替了手工掏桑木的细工活。他引进电锯后，村里又有很多年轻人也买了电锯。

克尤木·卡迪尔就是木孜·阿帕尔的徒弟，他也学着师傅用电锯制造乐器。

小村的腾飞

因为早在60年前村里便陆续有人以制造乐器为生，所以，加依村在当地颇有名气，同样因为制造乐器，该村也让新和县出了名。

在整个阿克苏地区，新和县的财政收入可谓一般，如果走进任何一个普通的村子，农民的生活只能算一般水平。

但加依村却正好相反。汽车在村子里的乡间小巷里飞驰。“快看，这里一排排的砖房。”同行的许多人惊呼起来，这里的村民太富裕了。我们都羡慕极了。

这里的村子很有特点，村民都盖起了砖房，不需要我们再规划就可以当风景展示了。看着农村的新景象，县里干部兴奋地说，我们要打造民族乐器村，让新和县的民族乐器走出新和，走出新疆。

这位干部还说，新和县已经有了初步打算，先规划，让加依村的村民借助乐器这个载体，有意识地修建一批农家乐，这样，外地游客来参观，既买了我们的民族乐器，又参观了我们的农家乐，可以给村民创收。

“未来的加依村一定棒极了！”

乐器村里看乐器制作

廖肇羽

午餐后，我们怀着兴奋的心情乘车前往依其艾日克乡加依村——乐器村寻访。途中，我们顺路观看了唐柘厥关故址。沿着遗留的古道蜿蜒而行，当年的烽燧早已面目全非，仅留下两个大土包，孤零零伫立在周围农户中，显得异常苍凉。在旁边一块空地上建有一座故址石碑，碑铭由赵朴初题名、新疆考古研究所所长王炳华撰文，中国书法家协会理事金意庵教授书写。

车子七拐八弯，把我们载到了依其艾日克乡加依村。乐器大户司马义·尤努斯，从业60年，当我们来到时，大门紧锁，不见主人踪影。在热心人的引领下，我们来到了一个小户人家，女主人帕提古丽正好在做乐器。帕提古丽今年22岁，跟丈夫学做都它尔、弹拨尔已有7年。据她说，做一把乐器成本只需20元，可卖到90~300元，一般销往乌鲁木齐。

从帕提古丽家出来，我们来到了克尤木·卡迪尔家。他告诉我们，加依村共有210户人家，105户专做都它尔。他本人从师司马义·尤努斯3年，出师后已做了六年。当我们提出想了解乐器的详细制作工序时，他欣然应允。我们围坐在他身边，他一边拿着实物一边为我们耐心地示范、讲解。都它尔一般用桑木制作，先把11块或13块长为42厘米两端窄、中间宽的薄桑木条浸于20℃的冷水中1个小时或开水中10分钟，然后放在50℃~80℃的火上烤2分钟，顶在膝盖上弯成弧形，用强力胶接合成瓢状。下一步做指板，指板一般长92或93厘米，多选用较硬而直的桑木制作，用木工刨刨光后，和瓢形琴背粘和。接下来就该做面板了，先用笔在薄板上画好形状,在火上烤一烤,再用砍砍砍去多余的料,留出1厘米宽的边,然后用101强力胶粘合,再用刨子刨去边,通体用纱皮打光,涂以清漆。刻槽后,以前多镶以骨饰花纹,由于价格太贵,现在就用塑料,最后剩下的就是缠品、张弦了。

谈到他现在的生活,克尤木·卡迪尔喜悦之情溢于言表:家里五口人,3个孩子,最大的今年7岁。5亩地年收入5千元,而乐器年收入可达1~1.5万元,一般销往哈密、乌鲁木齐、伊犁等地,生活确实如他所说越来越好了。正说着话,他的妻子端来了青杏子招待我们。

告别了克尤木·卡迪尔,听说司马义家人回来了,我兴冲冲地立即前往。努尔迪·司马义,是司马义·尤努斯的儿子也是学徒,父亲司马义·尤努斯老人师从喀什来的一个亲戚,一生带过30个徒弟。老人82岁去世,至今已有13个年头。努尔迪家有7口人,4个孩子,2男2女,最小的儿子13岁,名叫艾合买提。老人跟父亲学艺3年,至今已做了30年乐器,除自己的儿女以外,有徒弟七八个。老人、2个儿子和1个女儿共4人制做乐器,一般弹拨尔、都它尔做得多,热瓦甫较少做。当问到收入时,老人告诉我们:乐器年收入可达3万元,40亩地年收入2万元。房子是1998年修建的,花了3万,在当时是最好的。高大宽敞的房屋、崭新漂亮的地毯以及大片的果园和院子也正说明老人家的生活。

新和有个“乐器王”

李 莉

新和县有个民族乐器制作村叫加依村，村里有个“乐器王”叫艾依提·依明。

2009年元月的一天，漫天飞舞着雪花，在燃着火炉的制作间里，艾依提·依明的两个徒弟在给基本完工的都它尔（维吾尔族、乌孜别克族弹弦乐器）打磨、抛光，54岁的艾依提·依明坐在家里的土炕上，给都它尔调音，调着调着，便情不自禁地唱了起来，思绪回到二十多年前……

青年时的游走

从爷爷那一代开始，艾依提·依明家就开始做乐器，到现在已经有200多年的历史了。从1982年到1992年的十年间，艾依提·依明经常在路上。带上四五个都它尔离开家，艾依提·依明就开始了旅期不定的旅程。他到阿克苏、吐鲁番、乌鲁木齐去卖都它尔，这是名副其实的游走，期间结识了好多朋友。

在游走的路上，相貌俊朗、能唱会跳，又有制作民族乐器手艺的艾依提·依明深受姑娘们的欢迎，热情奔放的维吾尔族姑娘们毫不掩饰自己对艾依提·依明的喜爱，总是围绕在艾依提·依明左右。最终，他娶了一位同样会做乐器的妻子。现在，每当艾依提·依明制作乐器时，妻子总坐在他身边，一边打下手，一边听丈夫讲述年轻时的趣事。他们4岁的小女儿拿着一把小刀，在一块木头上来来去去地锯着，好像也在做乐器。

耐心打造好乐器

艾依提·依明也十分希望自己的手艺能一代代传承下去。提到收徒弟，“只要品行好，有一定文化，我都肯教。”艾依提·依明说。制作维吾尔族传统乐器这手艺，谁都可以学，只是这是一种细活儿，没有耐心是绝对坚持不下去的。比如制作一个花纹稍微繁琐些的弹拨尔（维吾尔族拨奏弦鸣乐器），需要两个人花费15天的时间。

到今年，艾依提·依明教出了40多个学有所成的徒弟。他也收过不少半途而废的徒弟，那些徒弟做出的乐器外形一般很粗糙，发出的声音也不好听，他们觉得自己辛辛苦苦做出的乐器竟然是这个样子，受不了这个打击，于是就放弃了。

制作出一把好的乐器需要花时间、费精力，但是一把好的乐器也可以使用很长时间。艾依提·依明说，如果保养得当的话，一把都它尔、弹拨尔、热瓦甫可以弹奏200多年。

要创自己的品牌

经过不断的学习，艾依提·依明制作乐器的手艺越来越好，他做的乐器都不用拿到巴扎上去卖，有些旅游景点的新疆特色商品店会直接

去他家订货，也会有上海、北京乃至国外的游客慕名而来。艾依提·依明的名气越来越大，不知道什么时候，就已被别人称之为“乐器王”了。

在他的家里，随手拿起一把做好的弹拨尔，就会发现弹拨尔鼓面的一侧写着艾依提·依明的名字、联系方式、家庭住址，以及乐器的完工日期。原来，因为他制作的乐器太有名了，所以有人将自己制作的乐器说成是艾依提·依明制作的，为了防止别人冒充，他才想了这么一个办法。

现在，新和县依其艾日克乡加依村的民族乐器制作已被列入第二批国家级非物质文化遗产名录，全村215户人家中有105户从事民族乐器制作。艾依提·依明一把弹拨尔一般都能卖一千多块钱，这也是他家的主要收入。艾依提·依明打算给自己也申请注册一个商标，既可以保护自己的合法权益，又可以再扩大自己所制作乐器的名气。

乐器手工艺人和他的村庄

李桥江

◎40年间，他制作了数不清的乐器
◎一曲终了，一位姑娘爱上了他

新和县依其艾日克乡加依村是当地有名的乐器村，村里的大多数农民不仅是制作各种维吾尔族乐器的手工艺人，而且吹拉弹唱样样不错。10月27日，我来到加依村艾依提·依明家，浏览了一番琳琅满目的乐器和半成品乐器后，坐在葡萄架下，时而与他交谈，时而听他演奏，度过了一段难忘的时光。

艾依提·依明今年55岁，他从15岁开始学习制作各种民族乐器，40年间，都它尔、手鼓、弹拨尔、沙塔尔、热瓦甫等，他制作了数不清的乐器，他最喜欢制作和演奏的是弓弦乐器。因为演奏这些乐器难度更大，制作这些乐器的难度更大，尤其是弓弦乐器的音箱，从一截桑木开始，凿、雕、刻，每一道工序都决定着一件乐器的成功还是失败，凝聚着制作者对音乐的感觉。

艾依提·依明从一排陈列的乐器中，选出一件音箱如同半个葫芦状，琴杆长得有些出奇的乐器，然后，取下琴弓，将琴抱在怀里，琴弓在琴弦上轻轻抖动了一下，一种奇妙的声音刹那间就攫住了我的灵魂。它的音质高亢粗放，音色却又兼有婉约的味道。

“沙塔尔，一定是沙塔尔。”我情不自禁地说出了琴的名称。

艾依提·依明继续拉着沙塔尔。旋律有些熟悉，但是，一时间我却

怎么样也想不起这是什么曲子。一个年轻女人从屋里走了出来，她抬头望了望天空，然后，坐在艾依提·依明的身边，可以看得出，这个女人非常喜欢艾依提·依明拉的这首曲子。

沙塔尔的旋律在葡萄架下缠绕着，我心中被压抑的一种东西慢慢复活了。爱情、亲情、友情……我突然发现自己是一个感情如此丰富的男人：我可能会为一朵鲜花的凋谢落泪，我可能会为一个新生命的诞生落泪，我可能会为一个生活的细节落泪，我甚至可能会为了一个虚妄的承诺，为了某个梦想放弃我已经拥有的一切。艾依提·依明从音乐的世界回来了。他和身边的年轻女人用维吾尔语说了些什么，女人脸上流露出让人羡慕的幸福之意。

我猜想老夫少妻之间一定有许多故事。事实证实了我的猜测。数年前，艾依提·依明的妻子去世了，接下来的两年间，艾依提·依明的琴声充满了伤感和思念色彩。第三年春天，艾依提·依明应邀到库车演出。一曲终了，一个对音乐有着同样感觉的姑娘爱上了艾依提·依明，3天演出结束之后，姑娘跟着艾依提·依明来到了新和县。这个姑娘就是艾依提·依明现在的妻子孜牙旦木。

克里木新和采风

刘军岐

2007年11月19日，全国政协委员、总政歌舞团国家一级演员克里木（左）慕名前往闻名海内外的纯手工民族乐器制作村——新和县依其艾日克乡加依村采风，了解工匠制作民族乐器的整个过程，向民间艺人学习演唱新和原生态赛乃姆的方法、技巧。

歌舞之乡

一场别开生面的激情演唱会

黄　河

早就听说新和县塔什艾日克乡是国家文化部命名的“中国民间艺术之乡”，去那里看一场演出，我们期待很久了。终于在夏季的一天成行。在我们到了之后，乡里的12名老艺人也陆续赶来了。有几个老人的鞋子上还沾有泥土。老人们乐呵呵的，见到我们后，他们左手压到胸脯前，伸出右手和我们握手。

这是一个风景优美的果园，正是杏子和桑葚成熟的季节。老人们先吃了一些桑葚后，便清清嗓子，一场演出即将开始。

拿鼓的老人不断给手中的手鼓面喷吐着唾沫。而其他拿弹拨尔、都它尔、热瓦甫、艾捷克等乐器的老人都在拨弄着琴弦。

大家安静下来，老人们开始弹唱了。随着领唱鼓手一声“噢依——”起序，那声音格外低沉、有力、苍凉。另外两名鼓手闭起双眼，打着手鼓，“咚——咚——咚，咚啪啪”；而其他乐器手也摇着头，激情地拨弄的怀里的乐器。

伴随深沉有力的节奏，演奏者们集结了鼻腔、胸腔之气，发出低沉着洪钟般的共鸣声。

领唱者唱了大约半分钟，其他老人就先后跟着唱了起来，声音或高亢，或低沉。

12名木卡姆的演唱者个个神色庄重。他们都是60多岁的老人，中间领唱的老人一把飘逸的胡子有20公分长。

弹拨尔、艾捷克、热瓦甫奏出悠远的过门，声音轻细若游丝，像是

从你耳边轻飘飘地飞上了蓝天，融入了白云，又随着飞过天空的鸽群，回到了遥远的过去。

随着鼓声越来越急促，弹拨尔像是受了感染，也拨得更响了。琴声、鼓声汇在一起，一路昂扬，一路急促，势不可挡地奔入你的耳中。

普通的羊皮手鼓，被鼓手敲得风情万种。

演奏弹拨尔的老者，始终坐得笔直，不管节奏快慢，他的双手不曾慌乱一分，脸上的神情，有陶醉，更是胸有成竹的镇定。

阳光下，演奏者的脸上渗出了汗水，流湿了他们像石榴皮一样干裂的皮肤。

演奏者们紧闭着双眼，眉毛拧了起来，张着嘴，露出一两颗发黄的牙齿。身子随着节奏微微左倾，或是右倾、前仰或后合，幅度都不大。他们喉咙里传出的歌声却无遮无拦地洪亮起来，声音渐大，到后来，已经不是唱了，而是扯着喉咙喊了，让人感觉到一种强烈的、来自原始混沌的力量的冲击。

周围的年轻人或者长者，夫妻或者朋友，一对对步入舞场。鼓点加快，他们开始飞速旋转。尘土中，满脸皱纹的老人们，跳得丝毫不比年轻人差，他们脸上的微笑，像是绽开的花朵。

随行的人告诉我们，老艺人们演唱的是具有新和特点的“赛乃姆”，而赛乃姆是十二木卡姆中的一部分。

中国民间艺术之乡的乐舞风情

廖肇羽

吃过早饭后，我们驱车前往塔什艾日克乡博斯坦村。车子行进在宽阔平坦的公路上，眼前不时掠过一排排高大的白杨树和葱绿的庄稼田，清新的空气沁人心脾，当我们到达时，艺人们早已静静地等候在一片果园的地毯上。

塔什艾日克乡民间艺人有200多人，今天为我们演奏麦西来甫的是其中八位。阿不都热西提·赛义提，61岁，演奏弹拨尔，他是这支队伍的核心，老人的这项祖传技艺已历三代，爷爷师从喀什来的一位艺人。托合提·铁木尔，64岁，艾尼丁·色皮，60岁，他们都是阿不都热西提·赛义提老人的徒弟，擅长手鼓。尼牙孜·克热木，48岁，演奏热瓦甫。木明·赛义提，50岁，演奏都它尔，他是阿不都热西提·赛义提老人的弟弟。依布拉依木·赛提，56岁，演奏的也是都它尔。肉孜·铁木尔，41岁，演奏弹拨尔，是队伍中年龄最小的一个。吾甫尔·肉孜，51岁，演奏现代小提琴，不过和搭在肩上的演奏法不同，他是竖在腿上拉。

艺人们调好乐器，商定好演奏曲目，贾东老师架好摄像机，一切准备就绪，上演的“节目”就算正式拉开了帷幕。坐在中间的阿不都热西提·赛义提老人先领唱了几句，然后全体艺人同时弹唱起来，每结束一曲我们都尽快地把歌词记录下来，王燕灵老师有很好的维语功底，还有塔什艾日克乡文化站女站长吉米拉全力协助。几曲听下来，我多少明白了艺人们纵情歌唱的主题，几乎清一色的爱情咏叹调，虽然歌词很直白，语言朴实无华，但善于结合日常生活巧妙、大胆地表达爱情，给人以新鲜质朴之感。或描绘爱情天空的缠绵纯情，或表达命运挫折的哀怨冷酷，还有着向往情爱的热烈追求。

悠扬的乐曲声荡漾在果园上空，鼓声铿锵，歌声高亢。看得出这些艺人们个个都沉浸在美好的回忆中，他们忘情地弹着，唱着，似乎又焕发出了青春的光芒。我们也听得如痴如醉，忘记了一切忧愁和烦恼。为便于我们记录歌词，阿不都热西提·赛义提老人要弹唱好几遍，比别人辛苦得多，即使如此他也任劳任怨。在演奏过程中，打手鼓的两位老艺人感情特别投入。他们根据曲调的高低变化，时而跪坐在双腿上，轻柔地拍击出和缓的节奏；时而直起上身，激烈地猛击打出强劲的节奏。从他们的姿势和表情中就可以感受到歌词所表达的感情的变化。

不知不觉已到了吃午饭的时间，按照事先的安排，此时大盘的羊肉抓饭陆续端上来，闻着它的香味，我们特有食欲。吃饭过程中，县里领导把他们带来的美酒提上，让我借花献佛，感谢塔什艾日克乡父老乡亲，赢得阵阵热烈的掌声。乡干部开始对我们的到来似乎并不欢迎，此时主动出来表示歉意，类似接待太多太繁，因此误把我们当作猎奇

观光的游客，经过沟通后消除了对我们工作的误解，明白我们这些汉族朋友是在抢救保护他们的民族传统，故一再表示感谢，自己对此会积极配合和大力支持。我说："你们不要把我们区分为汉族和维族，其实我们大家都是中国人，我们在共同保护中华民间传统！"

吃完饭，休息片刻之后，由于时间紧迫，我们又投入到紧张的工作中。忙到下午6点半，我们已采集麦西来甫歌曲9首。考虑到艺人们住得较分散，往返不方便，另一方面也恐他们劳累过度，因此当天主要工作就此结束。送走艺人们，旅游局刘金明为我们做向导，游览了新和县城的民居。一路上，我们边走边看边拍，收获颇丰。

穿过大街小巷，一处特别古旧的民居出现在我们视野中。看到我们在门口张望，院子里走出一个年轻的姑娘，王燕灵老师向她讲明了我们的来意，并提出想进去看一看，她有点迟疑，在征得她母亲同意后，我们如愿以偿，对院子进行了拍摄。此时，维吾尔族的热情好客在她身上得到了体现，她请我们进屋喝茶，我们表示了谢意。临走前，我和她在她家门前愉快地合影留念。再向前穿梭，我们又来到另一处居民的院子里。很明显，这家比较富有，但房屋的结构仍然颇具民族特色。

第二天早晨9:30，在博斯坦村果园里，和昨天不同的是，除了艺人们自弹自唱，今天还有几个老人跳舞。老人们和着节拍，动作自由、朴实大方，时而抖肩，时而打响指，步伐轻快灵活，舞姿丰富细腻，歌舞之乡名不虚传。对于麦西来甫歌舞的传承，一同前来的新和县文工团的人告诉我们：现在年轻人大多热衷跳街舞、迪斯科，玩电子琴，而传统民乐太土太累遭到扬弃，所以麦西来甫前一部分由于简单都会跳，赛乃姆往后部分几乎没人会跳。闻听此言，我们都深感遗憾，越是民族的就越是世界的，真的只能停留在书本上，由此更加意识到非物质文化抢救的迫切性及其特定价值。

为了活跃气氛，也为了从另一面领略维吾尔族歌舞，新和县文工团的歌唱演员佐旦木·艾合买提为我们演唱了一曲。在艺人们的伴奏下，她边唱边跳，歌声清亮，舞姿婀娜。虽然50岁了，但绕腕灵活，腰肢柔软，步伐轻盈，旋转自如。扬眉、动目、扭肩、移颈做得煞是到位娴熟，韵味十足。另一位老歌唱演员尼牙孜·托合提也满怀激情地唱了一首《我是农民的儿子》。老人今年59岁，退休前是地区文工团的歌唱演员。这两天老人一直都在场旁听、观看，有时还激动得上场跳麦西来甫，赛乃姆部分老人跳得特别好，旋转、蹲跳、矮步、抖肩等动作丰富多变，充分地表达出了自己内心的喜悦和欢乐。

时至中午，我们又采集歌曲5首。吃过羊肉抓饭后，为了进一步调动艺人们的演唱激情，同时也为了表示我们的谢意和一点心意，我拿出早已准备好的酒向在座的各级领导和艺人们敬酒，随后到了塔什艾日克乡书记家演奏。在铺有地毯的炕上，艺人们围坐在墙壁边，乘着酒劲纵情歌唱。看得出艺人们确实从心底理解了我们，他们的表演更投入、更富有激情，也更有了震撼人心的力量。临分手前，我们和各级领导、艺人及演员们愉快地合影留念，其中一个艺人，也就是最年轻的肉孜·铁木尔紧紧地握着我的手说："盼望你们下次再来"，这是最为朴实又意味深长的一句话。

将近中午12点，在一处缀满葡萄的园子里，我们观看了新和县文工团的表演。男演员们表演的一个《靴子舞》，动作粗犷，强健有力，非常风趣、幽默。大热的天，他们穿着靴子和夹层绒布马甲，头戴绒布棉帽，又蹦又跳，真是难为他们了，不过从对靴子的喜爱之情中表现了该族先民的草原生活气息。随着弹拨尔、艾捷克等弦鸣乐器奏出的引子和打甫击出的起跳鼓点，服饰鲜艳的姑娘们步入场中，舞姿婀娜，手势纤巧。正如唐代大诗人白居易在《胡旋女》中所描绘的那样："心应弦，手应鼓。弦鼓一声双袖举，回雪飘摇转蓬舞。"

新和原生态乐舞醉了台湾

热娜·乌布力　晁瑾

4月初，结束了在塔里木大学举办的“海峡两岸丝路文化与旅游学术研讨会”的台湾静宜大学、清华大学学者和研究人员，被新和县的龟兹文化和原生态乐舞所吸引，又来这里进行了为期3天的学术交流。

新和县地处丝绸之路中道要隘，是古龟兹国军事、政治、文化中心，是中西方经济贸易往来的枢纽和中西方文化荟萃之地。

新和的音乐和舞蹈，在继承龟兹乐舞的基础上，又融进中亚舞蹈、察合台汗国时期突厥化了的舞蹈“刀郎”以及源自叶尔羌的十二木卡

姆乐舞，形成了独具特色的新和麦西来甫和新和赛乃姆。

新和县现有200余名民间艺人，平均年龄60岁左右。2005年3月，新和县与塔里木大学共同建立了“西域汉唐重镇文化研究中心”，对民间歌舞进行抢救、保护和研究。

访问团学者参观了新和县龟兹文化博物馆、通古孜巴什古城、克孜尔千佛洞和因制作乐器而闻名的依其艾日克乡加依村。4日上午，民间艺人与县文工团演出的一场新和原生态龟兹乐舞——新和赛乃姆，博得了访问团成员的赞

台湾静宜大学校长俞明德博士(左)接受新和县委副书记、
县长艾合买提·买买提(右)赠送新和民间艺人手工制作的乐器。

叹,在演出高潮时他们也走上台和演员一起载歌载舞。

在海峡两岸新和歌舞艺术座谈会上,台湾静宜大学教授李君如对古老的新和文化以及民间歌舞大加赞赏并提出了发展的建议。不论是银须如雪的老人,还是如花似玉的少女和天真活泼的巴郎,洒脱、柔美的舞姿都令台湾学者异常感慨。他们提出,把富有民族特色的歌舞和餐饮融合在一起,让原生态的新和龟兹文化得到完整的展示,以此打造新和龟兹文化的品牌。他们表示要把新和的乐舞介绍给更多的台湾人,并在下半年邀请新和民间歌舞艺术团赴台湾演出。

新和赠花舞独具魅力

高 虹

近日，在新和县塔什艾日克乡零距离感受了维吾尔族赠花舞的独特魅力。

在一个宽敞平整的空地上，男女老少围圈坐在一起庆贺粮食大丰收，该乡的民间艺术团即将开始赠花舞的演出。

在欢快的维吾尔乐曲声中，群众拍手唱和。乐队聚在一角伴奏，乐队演奏者基本为老人，他们手中的乐器有弹拨尔、热瓦甫、都它尔、沙塔尔、手鼓等。手鼓在维吾尔族歌舞中起着重要作用，当几声“咚咚”的手鼓声响起，周围一下安静了下来，接着都它尔的琴声响了，歌声唱起来了，大家随着节奏欢快地跳起来了。

赠花舞是双人舞。男的邀请女的，女的双手握着一束玫瑰花，两人并肩站在一起。随着鼓手、琴师演奏的节拍，两人同时由内向外转一圈。这么一转，两人又同时肩并肩站在一起了。这时，持花者把玫瑰花赠给对方，但是，当花递到对方胸前时却不给对方，对方双手接了个空，这样来回三次对方才能拿上花。

翻译告诉我，这是姑娘在试探小伙子的心对她诚不诚，对爱情有没有耐心。跳赠花舞还有一层化解矛盾的寓意，父子不和，子请父；夫妻不和，夫请妻；邻里不和相互请。总之，达到和睦相处的目的为止。

塔什艾日克乡位于新和县城西边3公里处，地处渭干河冲积平原。乡里的维吾尔族民间艺术底蕴非常深厚，浓缩了新和县民族歌舞的精华。近年来，塔什艾日克乡民间艺人自发组成演出队进行艺术表演，应

邀演出上千场，已闻名疆内外。

现在，当地的民间艺人队伍逐年壮大，有农牧民艺人协会1个，协会成员160人，协会由舞蹈、乐器、弹唱、曲目编排四个小组组成，协会里精通民间乐器演奏者达75人，全乡能歌善舞的群众有1570余人。乡里的民间歌舞艺术也得以不断挖掘、整理、完善和传承。诸如麦西来甫、赛乃姆、赠花舞等无不彰显着塔什艾日克乡民间艺术的独特魅力。文化部先后两次授予该乡"中国民间艺术之乡"称号。

离开塔什艾日克乡时，记者在浓郁的民间艺术氛围中，深深为赠花舞的魅力所折服。让记者感慨的是，随着时光的流逝，赠花舞不但没有失去风采，反而在共建和谐社会的今天呈现出特殊的意义，更具生命活力。

新和有支果园乐队

韩亮　杜刚

2009年元月的一天，刚刚吃过晚饭，托胡提·吐木尔又拿起都它尔悠闲地弹奏起来，老伴儿在一旁帮他整理演出要用的服装。每当“果园乐队”要出去为乡亲演出，作为主要角色的托胡提·吐木尔都要求老伴为他精心打扮，让他穿得干干净净地出门。

新和县塔什艾日克乡2002年、2009年先后两次被国家文化部命名为“中国民间艺术之乡”，这里的人们仿佛有着与生俱来的歌舞天性，无论男女老幼，只要音乐声一响起，人人都能舞上一段，唱上一曲。村民们经常聚在一起，弹奏热瓦甫，跳起欢快的麦西来甫，在悠扬的歌声和欢快的舞蹈中驱散劳作的辛苦。近年来，塔什艾日克乡通过发展设施农业和林果业，使农牧民的收入快速增长。随着生活的改善，富裕起来的当地群众对文化生活的需求越来越强烈。

针对这种状况，2007年夏天，乡里将12个精通民族乐器、能歌善舞的农民组织起来，组成了“果园乐队”，为群众演出。“果园乐队”成立

后,果园、麦场、农户的院落就成了他们的舞台，在为群众演出传统民族歌舞的同时还自编自导自演许多宣传党和政府的富民政策、赞颂幸福生活的文艺节目,受到欢迎。虽然“果园乐队”成立只有一年多的时间,可是他们用精湛的技艺和当地群众喜闻乐见的节目征服了观众，当地群众把他们视作心目中的“明星”。

随着“果园乐队”在当地的影响越来越大，队员们有了去中央电视台“星光大道”表演节目的想法,他们想把自己表演的民族歌舞和过上富裕美好生活后的精神风貌展现给全国的观众,让全国人民和他们一起分享幸福生活的快乐。

民风民俗

农家屋里建起“红色收藏室”

左卫东　杜刚

一位名不见经传的维吾尔族老人本着对共产党的热爱，从上世纪六十年代起，历时四十多年，默默无闻地收集着共和国历届中央领导人的相片，收集着几十年来各个时期的党报、党刊，收集着毛泽东像章。在他的红色收藏中，有中国现代文学的奠基人之一鲁迅，有维吾尔族文学家，有自治区及地区相关领导人的照片……

他把几十年来收集的东西一一摆放在一间已经历经风霜的土坯屋里，建成了“红色收藏室”，并免费向乡民们开放。他以这种朴素而独有的方式宣传着党对劳动人民的恩情，也抒发着一位老人对共和国、对党、对人民的热爱。

初见艾则孜·艾迪里斯老人

金秋十月的农村，安详而宁静，繁忙的秋收季节已经过去，忙碌了一年的农民脸上个个挂着丰收的喜悦。这样的喜悦同样显现在新和县渭干乡帕合特勒克村艾则孜·艾迪里斯老人的脸上。尽管曾经的岁月已经在老人的脸上刻下了深深的印痕，但老人的精神看上去依然很饱满。

县里陪同人员告诉我们，这几十年来，每逢农闲时节，前来艾则孜·艾迪里斯家里参观“红色收藏室”的村民就多起来，在他们中间，有上了年纪的老人，有年富力强的中年人，有充满活力的年轻人，还有活泼可爱的学生。当人们走进这样一间古朴、简陋的小屋，看着眼前的丰富的“藏品”时，在惊叹之余，又为其简陋的房舍能否起到遮风避雨作用而担忧。

不过眼下，老人已经有了新的想法并付诸行动，他将自己这些年来积攒的一部分钱拿出来，在县里有关部门和乡里的支持下，盖一间砖木结构的新房，好将自己土坯房中的红色“藏品”转移过去，使之得到更好的保护。

从穷孩子到村支书

艾则孜·艾迪里斯今年69岁，有着30多年的党龄，说起对共产党的感情，老人饱含深情。

他告诉我们，小时候家里穷，一家人过着吃不饱、穿不暖的生活。“一岁的时候，我母亲病死了；我16岁的时候，父亲也死了。后来母亲的妹妹和父亲的弟弟各照顾了我一段时间，再后来我就参加了工作，开始接受党的教育。”

因为没上过一天学，刚参加工作的艾则孜·艾迪里斯不识字，无法阅读报刊，只好听别人讲。后来公社办起了扫盲班，艾则孜·艾迪里斯成了扫盲班中的一员。通过近半年的努力学习，他学会了看书写字，开始写日记，将自己的切身体会记下来，将自己对共产党的热爱记下来。

艾则孜·艾迪里斯清楚地记得，在扫盲班里，他读的第一本书是有关战斗英雄董存瑞的故事，在看完那本书后，他被书中讲的故事深深地打动了，使他更加感受到今天的幸福生活来之不易，是用无数人的生命换来的，再后来他还看了很多革命书籍，学习了党的政策方针，学习了有关建设社会主义的基本理论等，这些更加深了他对共产党的热爱，对家乡的热爱。从扫盲班出来后，他正式参加了工作，投入到建设社会主义、建设美好家园的事业中，因为积极肯干，不怕苦，不怕累，有上进心，又虚心好学，没多久就当上了村团委书记。

1976年，艾则孜·艾迪里斯受党组织委派，来到了帕合特勒克村任村党支部副书记，两年后任村支部书记，直到2001年退休。艾则孜·艾迪里斯任村支部书记时期，村里的粮食亩产连年递增，到他卸任那年，村里的粮食亩产量翻了两番。在他的带领下，村民摆脱了贫困，走上了富裕之路。

收藏源于感恩和热爱

走进艾则孜·艾迪里斯的收藏室，不由地眼前一亮，真的很难想象，在这样一个不起眼的农家小院里，还有着如此丰富的收藏。眼前的红色博物馆不是很大，大概有十二平方米左右，四周的墙是泥合着草砌就的，不是很平，因为年代久远的缘故，靠墙根的墙面的墙皮开始剥落，地面有浅浅的浮土，整个屋子弥漫着土星子味儿，更显得古朴、简陋。墙的四周挂满了相框和画像，虽然有些画像已经可以明显地看到锈蚀的痕迹，但画像本身还基本上完好无缺，因为老人每隔一段时间就要将这些画像擦拭一遍，每擦一遍就更融注了老人的一份感情。是啊，岁月蹉跎，日月轮回，生活在改变着，但唯有过去了的岁月永恒，这些永恒已经完全刻在了老人记忆的底片上，难怪，很多时候，老人都会一个人来到小屋，伫立在画像前，久久地凝望着，凝望着。

据了解，艾则孜·艾迪里斯的收藏开始于1962年，那时他还年轻，还是个22岁的小伙子。老人清楚地记得自己收藏的第一个画像是毛泽东、周恩来、刘少奇、朱德四人在飞机场的画像。说起张画像，还牵出了一段小故事。

当时没有电视，只能从广播里听到中央领导人讲话的声音。艾则孜·艾迪里斯的内心里一直有个朴素的愿望：想亲眼目睹毛泽东等当时中央领导人的风采。于是，当艾则孜·艾迪里斯在邻居家第一眼见到这张画像时，心里喜欢极了。一个星期之后的一个巴扎天，艾则孜·艾迪里斯特意将邻居请到巴扎上吃了顿烤羊肉串，之后向邻居说明了自己的意思，邻居一口答应了他。当天拿到这张画像的他高兴地一夜未眠，第二天就做了个像框，挂在自己的家里。

艾则孜·艾迪里斯告诉我们，当时收藏画像的冲动是源于对党的感恩和热爱。“过去我一家人住的是羊圈，既没吃的，又没穿的，是共产党、毛主席给我们带来了温暖，让我们这些穷人过上了好日子，没有他们就没有我今天的幸福生活。”说到过去，老人感慨万分。

自建“红色收藏室”

艾则孜·艾迪里斯的收藏途径十分广泛。最主要来自他订的一些党报党刊。因为喜欢看报，他总是要仔细阅读，并将自己认为有用的报刊等先收集起来。还有就是去邻居家串门时，看到喜欢的报刊就借回家看，结果往往是有借无还。为此邻居没少生他的气，不过日子久了，村民们也渐渐认可了他的行为，并在他的带动下，有不少村民不知不觉间也喜欢了读报。

就这样日积月累，艾则孜·艾迪里斯的红色收藏越来越丰富，他心想：何不将这些收藏陈列起来？一方面自己可以随时看看，另一方面还可方便村民阅览。

1965年，艾则孜·艾迪里斯的“红色收藏室”第一次向村民们开放。“布展吸引了很多村民来观看，当时公社领导看了后，对我夸奖不已，说我为村里办了件大好事，并鼓励我要坚持下去。”艾则孜·艾迪里斯介绍说，“公社领导的鼓励和村民们的赞许对我鼓励很大，这更加坚定了我进行红色收藏的决心。”

其实，艾则孜·艾迪里斯的红色收藏之路并不平坦。“文化大革命”时期，因为收藏这些革命资料，曾遭到过批判，但是这并没有动摇他的决心。“文化大革命”后，他又继续开始了他的收藏。据不完全统计，现在他家里收集的毛泽东像章已经达80多枚，革命书籍1200多本，革命英雄照片2000余幅（张），报纸和剪贴报800余份（张）。为了放置这些东

西，供村民们参观学习，他专门建了一间土坯房。

然而，随着时间的推移，他当年建的土坯房已经老旧不堪。2009年10月，新和县委书记马国强在参观了老人的"红色收藏室"之后，动情地说，为了保存好这些珍贵的革命资料，很有必要将其修缮一下。现在，县里有关部门和乡里已共同出资，在旁边另建一座30多平方米的房屋，真正将其建成为农家小院里的"红色收藏室"。

艾则孜·艾迪里斯日记

在艾则孜·艾迪里斯的"红色收藏室"里，我们还见到了一摞近30册的日记本。日记本上记的都是艾则孜·艾迪里斯老人这么多年的心路历程：

"1965年2月2日。我是个贫困人家的孩子，从小因为穷上不起学……是伟大的祖国给了我温暖，让我过上了好日子，我要像雷锋一样，从小事做起，从自己做起，为人民做更多的事。"

"1967年7月15日。为人民而学习，为人民而工作。为人民我无怨无悔地工作，为人民服务是我永远的理想。我要努力工作，绝不辜负人民的期望。"

"1976年10月6日，我永远忘不了的一天。今天，我光荣地成为伟大的中国共产党中的一员，我最崇高的理想终于实现了，我感到无比的喜悦……"

"2008年1月27日。中央召开紧急会议，胡锦涛总书记主持了会议，是抗雪灾的一次重大会议。党中央、国务院非常关心受灾的群众，敬爱的温家宝总理到湖南看望了在灾区牺牲的3名英雄家属，同时看望了我们可爱的解放军。现在我们有这样的领导为我们国家日夜操劳，为亿万百姓着想，我们很幸运有这样的中央领导……感谢中央领导，中国共产党万岁！”

“2008年4月12日。在电视上看到胡锦涛总书记谈到改革开放30年以来取得的辉煌成就，改革开放道路会给中国带来更多利益，中国会更强大，人民会更安康、会更幸福……”

“2009年7月6日。今天，村里传达了努尔·白克力主席关于乌鲁木齐‘7·5’事件和‘6·26’事件重要讲话。热比娅为首的‘三股势力’动摇不了我们的民族团结的大好局面……”

“2009年9月10日。今天，在电视上看到庆祝新中国成立60周年‘畅谈辉煌成就，携手团结奋进’的专题栏目，感到未来更加光明，各项事业进一步前进……”

用行动践行感恩之情

艾则孜·艾迪里斯是这么写的，也是这么做的。1975年，艾则孜·艾迪里斯被组织调任渭干乡帕合特勒克村党支部副书记，两年后，因为工作积极努力，被村民们选举为村支部书记，这之后村民们在艾则孜·艾迪里斯的带领下，踏上改变家乡落后面貌的征程，直到2001年艾则孜·艾迪里斯退休。

艾则孜·艾迪里斯上任的当年，即带领村民们开沟挖渠，兴修水利，又抢抓农时，将一粒粒包藏着丰收渴望的种籽播下了土地，然而天有不测风云，眼看着辛勤种下的粮食到了丰收的季节，却被一场突如其来的冰雹打的七零八落的，300亩的玉米地仅收了1500公斤粮食，眼看着歉收的土地，艾则孜·艾迪里斯无言以对，心事重重，因为缺粮，他不知道该怎样带领村民度过即将到来的冬季。好在政府得知了这一情况，很快调来了救济粮，解了村民的燃眉之急，这件事在艾则孜·艾迪

里斯心里留下了永久的记忆，也加深了他对共产党的感恩之情。

当时村里有个五保户芒里克·乌斯曼，因为身体不好，又没人照顾，生活过得十分的清贫，经常缺吃少穿的。艾则孜·艾迪里斯看在眼里记在心头，每逢工作之余都主动到老人家里帮老人干活，还时不时将自家的粮食分出来一部分送到老人家中。

有次送粮，艾则孜·艾迪里斯像往常一样惦念着老人，因为白天忙没时间，他就用自家的毛驴车驮着粮食趁天还没完全黑时给老人送去，不巧的是毛驴车走到半路上，突遇了迎面过来的一辆拖拉机，受到惊吓的毛驴突然失去了控制，拉着车使劲向路边的树林里钻，怎么拉都拉不住，当时因为坐在毛驴车的艾则孜·艾迪里斯毫无思想准备，从车上重重地摔下来，造成左腿骨折。

“他的心里总是装着村里的人，谁家有困难，他总是会想方设法地帮助他们，村里的五保户、孤寡老人不止我一个，可是几乎每个人都得到过他的帮助，他真是我们大家的贴心人。”提起艾则孜·艾迪里斯，今年85岁的芒里克·乌斯曼有着说不尽的感激之情。

现在艾则孜·艾迪里斯虽已年届七十，但不改初衷。用他自己的话说，还要继续自己的红色收藏，教育一代代年轻人。“我要让自己的家变成红色教育基地，教育子孙后代吃水不忘挖井人。”站在自己的收藏室里，望着一幅幅老照片，老人动情地说。

听——新和艺人依明·托卡演奏老歌曲

李桥江

“如果你在新和县的大街上行走着，突然听到用维吾尔族乐器演奏的老歌曲，追寻着音乐你就能找到依明·托卡。”

新和县有一个叫依明·托卡的人，当地人请客或者是店面有喜庆活动时，常常邀请他参加。请他参加是因为他的歌声和琴声，尤其是他演奏的老歌曲能够给人们带来欢乐。

11月25日，我拜访了56岁的依明·托卡，并且在他的音乐引导下，重温了一段已经逝去了很久的童年时光。

我见到依明·托卡时，他手里正摆弄着一个小木块，他有些无奈地告诉我，昨天才把弹拨尔拿回来，听说我们要来采访，他检查了一下弹拨尔，才发现弹拨尔坏了，他正在修理呢。“我的3个弹拨尔都丢了，没有办法呀。”依明·托卡的言语之中带着一种自豪。他分明是以这种方式向我传达这样一个意思：他的乐器非常棒，别人借走后往往舍不得还。

依明·托卡说弹拨尔坏了，让我一时间开始担心能否听上他的演奏。不过，从依明·托卡自信的神态上，我也找回了信心。果然，没过多长时间，依明·托卡就用胶水将小木块粘到弹拨尔上，稍停了片刻，他就开始调音了。

依明·托卡退休前是新和县文工团的乐器演奏手，之所以这样说，是因为只要是维吾尔族的传统乐器，他几乎都能演奏。当然了，他唱的歌也很棒。

依明·托卡调准音，习惯性地挺直了腰板，然后扫视了我们一眼，便弹了起来。很多年没有听到歌曲《浏阳河》的旋律了，依明·托卡的演奏，让我回到那个已经远去的时代。陪同我采访的一位朋友听着听着，禁不住随着旋律轻轻地唱了起来。

一曲还没有完，依明·托卡便将旋律过渡到电影《洪湖赤卫队》的插曲中。不久，音乐又转换成《地道战》主题曲的旋律，当他弹到歌曲"毛主席的恩情比海深……"时，他的身体有节奏地晃动着，他的手指开始发力了，那情形仿佛要把琴弦拨断了一般。

聆听者送给依明·托卡一阵掌声。我在鼓掌的同时，也发现了依明·托卡心里的一个小秘密：他对毛主席的感情非常深。另一方面，我也注意到，在他弹奏的曲目中，有许多地方体现了他自己对音乐的理解。

依明·托卡说，这些曲目在舞台上是串起来演奏的，每次演奏到高潮，他都会即兴发挥，将自己的感情用音乐充分表达出来。

依明·托卡还非常喜欢沙塔尔，遗憾的是，他的两把沙塔尔借出去以后，再也没有要回来。他想买一把沙塔尔，无奈好的沙塔尔价格太高，自己囊中羞涩，也只能想一想罢了。

随后，依明·托卡又给我们弹奏了《红灯记》、《白毛女》等多首老歌和老曲目。在弹奏过程中，依明·托卡时不时还要用汉语唱上一段。很显然，他忘不了那个火红的年代。

谈到被邀请参加各种民间活动，他只演奏老歌曲及老曲目的原因时，依明·托卡想了想说：第一是自己喜欢，第二是群众也喜欢。

我问他参加这样的活动收不收费？依明·托卡说，都是朋友，收什么钱呀！何况他也是一个喜欢热闹的人。

据介绍，依明·托卡演奏的老歌、老曲目已经成为新和县的一个品牌。正如陪同我采访的新和县宣传部干部艾合买提·吾买尔所说的：“如果你在新和县的大街上行走着，突然听到用维吾尔族乐器演奏的老歌，追寻着音乐你就能找到依明·托卡。”

新和县有个唱京剧的维吾尔族妇女

李桥江

2009年6月6日夜，记者在新和县文化广场被《红灯记》的唱段吸引。唱京剧的是个维吾尔族妇女，她的唱腔赢得了阵阵掌声。

唱京戏的妇女叫孜莱罕·克依木，今年51岁。她不仅唱京剧唱得字正腔圆，一开口，地道的汉语普通话也让记者大吃一惊。

孜莱罕·克依木出生在石河子，大概7岁左右，头一次听到京剧，她就迷上了。上初中时，性格开朗、活泼好动的她已经掌握了多部京戏的

《新疆日报》记者王英杰摄

唱词,在学校里俨然成了现实版的"铁梅"。1982年,孜莱罕·克依木的父母退休,他们举家搬迁到了新和县,孜莱罕·克依木也进入当地一家企业工作。

孜莱罕·克依木到新和县之后,没有放弃心爱的京剧,在企业上班的时候,一有空大家便请她唱一段。前几年,县里的百日文化广场活动开始之后,在广场上演唱京剧就成了孜莱罕·克依木的日常生活之一。近年来,随着她的知名度提高,新和县各族群众举办家庭聚会等活动,也常常邀请她唱京戏。

若干年前,企业倒闭,孜莱罕·克依木和丈夫双双下岗了。下岗之后,尽管社区为她找了一份工作,但是,三个正在上学的孩子,还是让这个家庭感受到前所未有的经济压力。她告诉记者,《红灯记》中的铁梅让她学会了坚强,唱京剧则让她找到了生活中的快乐。越是困难,她越要用唱京剧来鼓舞精神,最终战胜困难。

编织格吉姆头巾的老艺人阿布拉·亚森

帕热扎提

早饭后,阿布拉·亚森就钻进厂房编织头巾。到午饭时间他才会出来。这期间,厂房里没有人跟他说话,在厂房里,有一台老式收音机,和他一起打发时间。

在新和县一说起格吉姆头巾,人们就会自然而然地想到阿布拉·亚森,因为他是当地仅有的手工编织格吉姆头巾的老艺人。近日,在熟人的指引下,我在新和县艾提日古丽街找到了阿布拉·亚森的家。在这之前,我没有听说过格吉姆头巾,得知我要采访一位手工编织格吉姆头巾的老艺人时,小姨告诉我说,以前,维吾尔族姑娘出嫁的时候,就会用格吉姆头巾当盖头。现在只有南疆的一些地方保留着这一传统,当然就很少有人知道格吉姆头巾了。

走进阿布拉·亚森的家,他恰好不在。在宽敞的院子里,有一个炕,炕的右边是一棵很大的桑树,左边是三间房子,最里面的房子里放着一台旧的织头巾用的机器,墙边放着几个凳子,他的老伴告诉我,这就是格吉姆头巾诞生的厂房。站在厂房里,我不禁联想到这样一幅场景:古旧的织布机发出有节奏的"喀哒"声,梭子在棉线间来回穿梭,编织着生活,就如同这里人们的生活,缓慢而有节奏。一位白须长者专注地看着织布机,厂房里有一种油画般祥和的氛围。

阿布拉·亚森回到家,已经是傍晚时分了。阿布拉·亚森比我想象得要精神,而且年轻很多。我与阿布拉·亚森围着方桌,坐在炕上,桌上摆满了干果、水果等吃的,正中间摆着特色的大馕,馕的葱香味一阵阵

扑鼻而来。在闲聊中，我得知阿布拉·亚森的手艺并不是祖传下来的，他以前是新和县纺织厂的工人，工厂倒闭后，他就开始在家里编织头巾。师傅领进门，修行在个人。时间长了，他织头巾的技术越来越好，而且他结合本民族的特色和喜好，创出了“圆月”牌格吉姆头巾，头巾一上市就深受当地妇女的喜爱，通常在家里就订光了，很多内地人，哈萨克斯坦等中亚国家的人，也托朋友帮忙买格吉姆头巾。

“这就是我们新和的特产，好看吗？”说着，阿布拉·亚森从厂房里拿出装在红色盒子里的格吉姆头巾让我看。他告诉我说，“格吉姆”是流苏的意思，所以这种头巾也叫带流苏的头巾。盒子里的头巾多是乳白色的，呈四方形，头巾四周都是流苏。阿布拉·亚森说，年长的妇女一般用头巾来包裹头发，年轻的女性则喜欢当作披肩。我纳闷地问，为什么头巾的颜色以乳白色居多呢？阿布拉·亚森说：“头巾是丝织的，时间一长，就容易褪色，选乳白色是为了保持头巾的品质。”他还告诉记者，他打算买台电脑，用电脑设计头巾的图案，然后直接把图案印在头巾上，这样就可以节省很多力气了。在市场上，一条普通格吉姆头巾的价格是80元，丝织的是200元。现在，年长的少数民族妇女和内地人买的多，很多年轻的女孩因为不了解，买的较少。由于品质出众，阿布拉·亚森编织的头巾荣获了1983年和1991年的自治区民特用品优质奖、自治区发明与新技术成果铜奖和1992年的全国星火计划成果暨专利技术铜奖。

可是在成绩的背后，阿布拉·亚森也有自己的苦恼。由于手工编织头巾是一个费时、费眼力的活儿，编织时间长，效率不高，平均下来，三个人一天才能完成一条头巾的编织，所以年轻人都不愿意学习这个手艺。现在，阿布拉·亚森的子女中没有一个人愿意继承他的手艺。织出头巾后，阿布拉·亚森只有请老伴和亲戚帮忙，让老伴和妹妹来负责头巾上流苏的编织工作。看着自己辛苦创建的手艺将面临失传的危险，阿布拉·亚森很无奈，他告诉我，其实，现在头巾的样式不是很多，手快点的姑娘3个月就能学会。

采访结束时，阿布拉·亚森还不愿意让我们走，这让我想到刚才他说的话："每天在厂房，没有人和我说话、解闷，今天算是把一个星期的话都说完了……"

制陶老人阿巴什

李红英　骞海燕

2009年是阿巴什老人的一个丰收年——他制作的陶罐远销到江浙一带，年收入超过两万元。在新疆，他也名声大震，许多客商慕名而来，抢购他制作的陶罐。

如今，精通陶罐传统手工制作技术的传人已为数不多了，而阿巴什老人是他家族里第五代继承这门传统手工工艺的人了，他以制作陶罐为终生事业。

今年76岁的阿巴什说，他制作陶罐不只是为了挣钱，而是为了传承着祖祖辈辈的智慧，他最大的心愿就是让这门传统手工工艺一直流传下去。

为制陶罐双腿残疾

4月中旬，为了探寻制陶老人，记者专程来到新和县新和镇阿提古丽瓦社区阿巴什的家中，推开虚掩着的两扇木门，院子里摆满了大小不一、白的、红的等各式各样的陶罐。见到我们，阿巴什老人拄着拐杖从屋里走了出来。

1934年，阿巴什出生于新和县一个普通的农民家，他的父母一直以制作陶罐为生。生活在一个制陶家庭里，阿巴什从小就对陶罐制作有着浓厚的兴趣，他5岁时就跟随父亲学习陶罐制作技艺。阿巴什的父亲是当时全疆制作陶罐的高手，他总结了先辈们积累的经验，并将其传给了阿巴什。阿巴什天资聪颖，再加上长期的熏陶，进步很快。

后来，他的父母相继去世了，阿巴什想起了父母的重托，他暗暗告诫自己，一定要把祖先留下来的制陶艺术传承好。长期的严格训练，使阿巴什制作陶罐的技艺突飞猛进，手艺日益精湛。

阿巴什老人制作陶罐时用冷水和泥，一年四季要和冷水打交道，久而久之，他的双手变形了，双腿也残疾了，他的妻子也因此在2007年离他而去。如今，他唯一的孩子正跟他学习制陶技艺。

制作陶罐精益求精

阿巴什说："用沙土和泥制作陶罐，有壁厚均匀易于烧制的特点，有时还可以保留沙土和黄土的自然肌理，让人感到生动有变化。制作陶罐的方法可以变化，如：可以一圈一圈盘筑，也可以螺旋形盘筑，还可以加上一些装饰性的沙土和泥条，使其看起来特别漂亮。"

说起制作陶罐的工艺流程，阿巴什老人滔滔不绝：从和泥沙到一个陶罐出窑成形，一般需要10天时间，先把沙土和泥巴就像揉凉面一样揉好，再将揉好的沙土和泥巴搓成一些形状，保持粗细均匀，再把这些搓好的形状连接在圆形的泥片上，用手指把它压紧，再一层一层往上盘，并用手把里面抹平，使泥条接得更紧，也可用泥浆涂抹结合部位。而制作陶罐外身时，盘制的技法有很多种，如铺排、缠绕、穿插、绕结等，独特的盘制方法可以创造出独具一格的陶艺作品。

在阿巴什的院子里，除了各式各样的花盆外，还有碗、水壶等。在这些花盆、碗和水壶上，都镶嵌着不同的花纹，看起来十分漂亮。

手工陶罐市场看好

"这个大的花盆多少钱？这个碗多少钱？这个水壶咋卖？"一连串的询问让阿巴什忙得不亦乐乎。4月中旬，记者在阿巴什家采访时，有好几位远从乌鲁木齐市、沙雅县等地赶来的客人正在他家挑选自己喜爱的陶制品。

阿巴什老人说，他出产一批陶罐周期是10天，每批可以产出大小不同，形状各异的200个陶罐，按平均价10元计算，每批可以收入2000元，一个月如果按时制作的话，就可以收入1万余元。

“挣钱多少不重要，重要的是我喜欢这个手艺，再就是我制作的陶罐有这么多人喜欢，我知足了。”这是阿巴什老人说得最多的一句话。

阿巴什的孩子吐逊对记者说：“我也要好好跟着父亲学习制陶技艺，像父亲一样，把这门传统的手工工艺传承下去。”

田园喜秋

大漠深处柳荷婀娜

李桥江

地处塔克拉玛干沙漠边缘的新和县有一个远近闻名、柳树婀娜、荷花摇曳的柳荷生态度假园。2009年6月底，柳荷生态度假园内的荷花含苞待放，我慕名来到这里，在干旱的塔里木盆地体验了一番江南水乡的秀美。

柳荷生态度假园又称龟兹柳荷生态园，当地人则喜欢称“柳荷园”。

柳荷园最早是当地水利部门的300余亩鱼塘。2003年春天，水利局一个叫李国良的干部一边在鱼塘四周广栽柳树，一边从南方引种了早中晚三个品种的荷花。同时，引进20多个品种的鱼投放到鱼塘中。目的是要在这里建造一个集休闲、旅游、度假、餐饮、娱乐、养殖等多种功能为一体的生态园。

同年6月下旬，当早开的荷花带着扑鼻的花香亭亭玉立于荷池时，目睹此景的游客，包括在鱼塘工作的人员，都被美丽、高雅的荷花震惊了。

2004年，由于多种原因，鱼塘无法继续经营。随即有一个叫李华的人，承包了这片鱼塘。

这年，慕名前来观赏荷花的游客络绎不绝，此时，水下饲养的鱼儿也达到了餐饮需要的规格。人们一边赏花，一边在绿柳成荫的池塘边品鱼。短短时间，新和县有个荷花盛开的柳荷园的消息便传遍了阿克苏地区。如今，一些喀什、库尔勒等地的游客，也知道新和县有个荷花池。

承包鱼塘之前，李华就对当地气候条件进行了仔细研究，决定引进荷花之后，他又按照荷花的开放时间，引进了不同品种的荷花。同时，他还采取了免费游园、开放经营的模式，此举不仅给柳荷园带来了源源不断的人气，也给柳荷园带来了巨大的经济效益。

目前，柳荷园共建有3个荷花池，总面积60余亩。每年6月下旬至7月中旬，早开的荷花怒放，而中期开放的荷花则刚刚吐出羞涩的花蕾。8月下旬，晚开的荷花又集中亮相了。一拨接着一拨，柳荷园长达5个月的花期吸引了无数游人。

荷花花期过后，水下的莲藕同样是一笔价值不菲的财富。去年，柳荷园共出产40吨莲藕。李华预计，今年园里可以出产70吨鲜藕。一公斤鲜藕批发价5元左右，其价值可想而知。这些莲藕除供应柳荷园之外，还满足了新和县以及阿克苏市等地市场的需求，可谓一举多得。

李华笑着告诉记者，园内的餐饮每年消耗的鲜鱼数量也是70吨。垂柳、荷花、莲藕和鲜鱼，这才是塔里木盆地的新鲜事情。

据介绍，目前，柳荷园是新和县唯一的一家国家级3A景区。目前，该园一天可以接待3000人次以上的各地游客。新和县居民则将柳荷园当成了休闲的好去处。

六月，赛买提杏香溢新和

李桥江

2009年6月，记者在新和县塔什艾日克乡采访，沿途看到路边果园里树梢上的大杏子绿中透黄，刚刚成熟，于是，忍不住走进了一家果园。

记者正在硕果累累的杏树上寻找成熟的黄杏子，杏树后面走出一位中年妇女，她抬手在树枝上摘了几个青杏子，示意我青杏子很好吃，我迟疑了片刻，眼睛依然盯着高处发黄的杏子。陪同我采访的新和县

委宣传部干部杜刚则麻利地爬到树上，一会儿工夫便摘了一兜杏子。几个杏子下肚，我竟然被这种香甜的杏子腻住了。

记者与中年妇女聊了起来。妇女叫热依亚纳木·阿布拉，果园是她家的，面积有21亩。果园里除了杏子之外，还有核桃、红枣、香梨等果树。询问杏子的品种，热依亚纳木·阿布拉说是赛买提杏。

赛买提杏是新疆最著名的杏子品种之一。新和县的赛买提杏在6月15日之后大量成熟。

实际上，从6月初开始，当地群众就开始品尝青杏子了。热依亚纳木·阿布拉说，赛买提杏成熟之后糖分太多，青杏子发脆，甜中带酸，因此，许多人喜欢吃青杏子，尤其是在劳动过程中，口渴了或者饿了，随手摘几个青杏子塞进口中，既解渴又挡饿。说着，她抬手在树上摘下几个青杏子请我品尝。接过杏子，咬一口，果然如热依亚纳木·阿布拉所说，青杏子少了一些甜腻，多了几分清爽。

热依亚纳木·阿布拉家的劳动力少，果园里还套种着小麦，因此，她种的赛买提杏主要用来制作杏干。另一个原因是赛买提杏成熟期集中，每年杏子成熟的时候，5元左右一公斤的鲜杏，一夜之间价格就跌到每公斤一两元钱。还有一个原因是鲜杏难以保存，浪费很大。晾晒杏干却不存在这些问题。

鲜杏经过10天自然晾晒，就变成了杏干。经过人工分选，一般的杏干每公斤在5元以上，最好的杏干每公斤价格则在10元以上。这几年，热依亚纳木·阿布拉家的杏园，一年至少给这个5口之家带来上万元收入，加上果园里套种的小麦以及复播玉米等的收入，热依亚纳木·阿布拉觉得自己家的生活过得很好。

据介绍，新和县最高年产鲜杏曾经达到360多万公斤。近年来，随着交通运输条件的改善，新和县的新鲜杏子开始被大量运输到乌鲁木齐，甚至内地城市。不过，当地果农最钟情的还是晾晒杏干。

新和桑子“半年粮”

李桥江

夏季的南疆，酷热难当。近日我到新和县教育局采访，当同行的新和县委宣传部干部忙着联系采访对象时，教育局办公室后面一片婆娑的树荫，勾起我大树底下好乘凉的念头，便径直向大树走去。还没走到树荫下面，我就闻到了一股类似粮食发酵的气味，环顾四周建筑，并没有酒厂或者酱醋厂之类的建筑，那么，这个怪味是从哪里来的呢？细看地面，我看到斑驳的地面上铺着一层黄褐色的物质，这些东西分明就是酒糟子，我有些纳闷了：什么人干的？这么好的饲料怎么能晾晒在地上？我蹲下身子仔细查看，看到酒糟子中好像还有一些没有发酵的物质。这时，“啪嗒”一声，树上掉下来一个东西，呀！好大的一粒桑子。我赶紧抬头张望，才发现大树上竟然挂满了熟透的、果粒大得出奇的桑子。

我忍不住抬手要摘桑子，半空中，我的手臂又停下了，“不对呀，桑子熟了，既没有人看管，也不见人采摘，莫非桑树上打药了？”想到这儿，我不免有些害怕和担心。

担心归担心，我依然有些不甘心地在桑树下面转悠，我看到这片树荫大约由10余棵桑树组成，它们都是一些树龄在几十年以上的大桑树。

这时，宣传部和教育局的几个干部走过来了。我说出自己的疑虑，他们呵呵笑了。其他几个人撑开一张大毯子，其中一人手持一根顶部带钩的长木杆，在树枝间晃动几下，如同下了一场桑子雨，毯子上面落了一层大桑子，一些桑子流出桑子汁，透过毯子，把地都浸湿了。随手抓一粒熟透的桑子塞进口中，汁多，味甜，而且不腻人。大家顾不得洗一下，围着毯子吃了起来。

不一会儿，似乎是被我们吃桑子的举动吸引了，桑树下面又多了一群人，他们也用同样的方法打下桑子，围成圈吃起来。吃了一肚子没有洗的桑子，我担心可能要闹肚子，但情况恰恰相反，第二天，我反而感觉自己的胃口好极了。

新和县的头茬桑子每年5月下旬成熟，二茬、三茬以及药桑的成熟时间则可以延续到7月中旬。有意思的是，桑树虽是当地人栽的，品尝第一粒熟桑子的却是聪明的麻雀。麻雀吃桑子时总免不了弄落一些桑子，在桑树下玩耍的孩子看到了，便吆喝着结伴爬树采桑子，很快桑子成熟的消息就传遍了新和大地。因为桑树太多，新和县普通桑子（白桑

子)是没有人买卖的,只有个别人买卖被称为药桑的黑色桑子,价格很便宜,一茶碗,一元钱。

过去,新和县有"半年桑子,半年粮"的说法,意思是指在一年当中近半年时间里,许多人家把桑子当成粮食来食用,大概正是这个原因,当地人对桑树的感情特别深。据说,有一年,新和县进行城市改造,有人曾提议将教育局后面的这些大桑树砍了,改种葡萄,结果遭到周围群众,包括教育局大多数人的反对,这些老桑树因此得以保存下来。

在随后的采访中,我发现新和县不仅老桑树多,新栽的桑树在众多的林木当中也占据了很大的比例。在这里,郁郁葱葱的桑树,给人们留下了深刻的印象,也因为桑树的特别,外地的人牢牢记住了新和县。

古韵今风

新和县通古孜巴什古城遗址抒怀（外四首）

罗　辑

九城之首此为雄，夕照残垣势犹宏。
宽阔可容万兵练，纵横但任千骑冲。
戍边屯垦固西域，强汉盛唐震北戎。
谁道苇柳默无语，永鉴英烈盖世功！

新和县它乾城遗址怀古

轮碾金叶听秋声，车似荡舟到古城。
脚下红柳叹桑海，眼前烽台忆剑锋。
断垣恍见狼烟烈，残镞犹闻鼓角鸣。
定远戍边报国志，千年续传永不停！

登新和县柘厥关遗址有感

临山扼水铸雄关，北望戎敌马不前。
龟兹歌舞从容起，石窟壁上慕飞天。

新和县班超广场抒怀

投笔从戎非一念，从此远征三十年。

晓理动情多谋略，轻骑深入有虎胆。
爱民勤政得人心，练兵屯荒铸铁关。
它乾盘橐遥相望，共述英雄史无前！

新和县玉奇喀特古城遗址抒怀

三城环绕三重根，守土护疆志坚深。
李崇高举王师旗，羌长凝聚民众心。
抗击分裂勇浴血，维护统一甘献身。
双雄虽死印鉴在，永留英名励后人。

新和赞

王锦屏

春风度过玉门关，
西气东输我最先。
又矗油城塔河岸，
丝绸古道万家欢。

过新和羊达库都克烽燧

孟庆武

白草黄沙戈壁连，
一派泱漭十月天。
秋尘惨澹埋羲轮，
极目难见五里山。
乌鸦高盘寻夜宿，
黪天月暗胡林寒。
古道瘦马应昨过，
吾侪东风不等闲。

新和柳荷园夏韵（外三首）

黄晓平

绿杨垂绦波复平，桑田环绕荷叶青。
儿童也学钓翁乐，急傍花荫观鱼情。

春　播

杏花纷起又清明，好雨不润柳自新。
阡陌皆闻田间乐，正是春耕播种时。

玉奇喀特古城有怀

万里征战苦，将士衣衫单。
定边出汉塞，健儿去未还。

颂新和

丝路繁锦地，乐器歌舞乡。
何处民安乐，新和远名扬。

新和·秋天

程克美

一

碧绿长廊泛点黄，串串玛瑙闪烁光。
秋风送我过小桥，杨柳青青水流长。

二

银色棉花起雪浪，玉米粒饱粗又长。
灰枣骏枣枝头挂，梨园阵阵飘清香。

玉奇喀特古城怀古(三首)

杜　刚

玉奇喀特古城维吾尔语意为“三重城”,位于新和县玉奇喀特乡境内。东汉名将班超曾在此驻守,其以功封“定远侯”。

其一

谁云此地城三重？千里平野一樊笼。
金戈铁马作烟梦,只见鹰隼击长空。

其二

野风乘夕起,悠悠鸟飞低。
蔓草蔽铜营,古道埋铁蹄。

万籁声俱灭，一丘鹤孤立。
白杨不识功，欲与定远齐。

其三

古城无人青草深，暮日昏黄渐欲沉。
寂寂鸟伏汉唐木，淡淡风起南北尘。
柳絮不能扬四海，杨花未必落三春！
此地光景君须记，青史留名有几人？

> > > 作者简介（以姓氏笔画为序）

马国强，男，汉族，1973年生，河南郑州市人。曾任过乌什县林管站站长、乌什县亚科瑞克乡党委书记，共青团阿克苏地委书记（副县级）、共青团阿克苏地委副书记，阿瓦提县委组织部长，共青团阿克苏地委书记。现为新和县委书记。

王锦屏，男，汉族，1955年生，河南嵩山人。南京理工大学毕业，工程师。曾任县长、县委书记，现为河南省农业厅副厅长。1999年援疆任阿克苏地区行署副专员。喜爱诗词、书法，为河南省书法家协会会员，出版《大漠诗情》一书。

左卫东，男，汉族，1970年生，山东平度人。现为阿克苏日报记者。

邱永沫，男，汉族，1943年生，江苏睢宁人。阿克苏地区糖厂退休工程师。处女作6集电视连续剧剧本《呼唤》，代表作20集电视连续剧《新娘是岳母》，分别荣获第二届和第三届中国戏剧文学奖铜奖、银奖。现为中国戏剧文学学会会员。

刘军岐，男，汉族，1976年生，陕西岐山人。新和县委宣传部干部。

刘枫，女，汉族。现任新疆日报高级记者。获得"全国百佳新闻工作者"称号。出版有专著报告文学集《神化·美人·宝石》，纪实散文集《荒野同行鸟》。

刘金明，男，汉族，1957年出生，山东寿光人。新和县旅游局退休干部。曾在区内外刊物发表史学、考古论文多篇。

杜九林，男，汉族，1969年生，四川广安人。新和县科技局副局长。

张万振，男，汉族，1960年生，河南南阳人。曾任阿克苏日报副总编，现供职于新疆经济报北疆新闻中心。

杜刚，男，汉族，1976年生，四川广安人。曾任新和县塔木托格拉克乡副乡长、党委委员，现为新和县委外宣办主任。

杨成秀，男，汉族，1975年生，甘肃民勤人。曾任新和县纪检委办公室主任，现为新和县委办公室主任。

杨继春，男，汉族，1954年生，天津静海人。新疆日报高级编辑。

陈超，男，汉族，1970年生，陕西汉中人。先后在南方某媒体、新疆经济报担任过记者、编辑。现为航空旅游报执行主编。

李桥江，男，汉族，1966年生，新疆塔城人。新疆著名人文地理学家，写过诗歌、散文、报告文学、小说等，出版有《草原的门》、《草原古墓与黄金宝藏》、《林子里的秘密》等数十部纪实散文集和《红狼》等小说。现为新疆经济报记者。

李莉，女，汉族，1986年生，山东菏泽人。现为乌鲁木齐晚报要闻部记者、副刊部编辑。

孟庆武，男，汉族，1966年1月生，河南郸城县人。曾在多家报刊上发表理论文章和诗词多篇。曾为河南援疆干部，任过河南周口市委组织部正处级组织员、新和县委副书记、周口市委副秘书长。

帕热扎提，男，维吾尔族，新疆经济报记者。

周崇，男，汉族，1979年生，湖南邵东人。阿克苏日报要闻部编辑。

高虹，男，汉族，1963年生于新疆。新疆经济报记者。

热娜·乌布力，女，维吾尔族，新疆日报记者。

晁瑾，女，汉族，新疆日报记者。

黄河，女，汉族，1980年生，四川南充人。曾为阿克苏日报要闻部记者，现供职于乌什县委组织部。

黄晓平，男，汉族，1967年生，安徽安庆人。曾为河南援疆干部，任过河南焦作市企业发展局纪检书记、新和县委副书记。现为焦作市委副秘书长。

韩亮，男，汉族，1978年生于新疆。新疆日报记者。

程克美，男，汉族，1936年生，山东东明人。新和县退休老干部。曾任新和县人大副主任。

骞海燕，女，汉族，1964年生，甘肃张掖人。现为新和县广播电视台副台长。

廖肇羽，男，汉族，1974年生，湖南郴州人。现为塔里木大学新文化研究所副研究员。

霍旭初，男，汉族，1934年生，天津市人。新疆龟兹学会会长、龟兹石窟研究所研究员。

魏永贵，男，汉族，曾在多家报刊上发表散文和诗歌多篇，阿克苏日报副总编。

>>>编后记

《新和印象》的出版，是在尝试着对新和大地这些古老的历史遗迹、人文景观、民风民俗、自然风情进行一次深入细致的梳理。

《新和印象》汇集了近年来特别是2009年来新疆区内外颇具影响力的一部分作家、诗人，以及新和本土作者刊载在各类报刊杂志的40余篇作品。此书分为“千秋家国”、“城关旧事”、“发现之旅”、“乐器村庄”、“歌舞之乡”、“民风民俗”、“田园春秋”和“古韵今风”八个部分。作为汇编而成的一本书，《新和印象》脉络清晰，结构有序，不同于一般的浅显浮躁的普通游记文体，深入介绍了新和的历史变迁和风物地貌。有的讶异于新和的古老和神奇、变化和崛起，比如“千秋家国”和“发现之旅”；有的淡然于新和的纯美与恬静，比如“民风民俗”和“田园春秋”；有的在充实有致而又声色不露地牵系着过去和现在的时光，比如“城关旧事”和“古韵今风”……

当然，对一个极具发展潜力的县来说，《新和印象》无法穷尽新和的全部，但此时这本书为那些想走进新和的人们打开了一条通道。而且，这些文字作为对新和的诠释，也完全可以成为一种阅读享受。

一本书一旦出版，便有了自己的命运。别人读与不读，买与不买，喜欢与不喜欢，都已不在作者的掌握之中了。

本书从策划到交与出版社出版，时间很短，借用一句时兴的套话：“粗疏之处，在所难免，敬请指正”。

读者们的眼睛是明察的。就像父母对子女虽不一定怀有“成龙”的企盼，但多少会有一些期待，一个作者对自己的作品也总会有所期待。希望在读者的眼里，这是一本还有点意思的书。

最后，要特别感谢新疆维吾尔自治区文化厅党组书记韩子勇抽出宝贵时间为本书作序，他的美文虽片言只语，却比玫瑰还芳香；感谢著名书法家翁伯祥老先生题写书名，他让我们看到了汉字的大气与美。也正是他们，使本书大为增色。

杜　刚

2009年12月于新和

新疆维吾尔

48°
72°
76°
80°
44°
40°
36°
阿加德尔
若尔加
阿亚古兹
巴尔喀什
巴尔喀什湖
卡什坎田吉兹
列普瑟
萨瑟克湖
阿拉湖
塔
裕民
哈萨克斯坦
穆拉雷
巴卡纳斯
塔尔迪库尔干
阿拉山口
温泉
博乐市
博尔塔拉蒙古自治州
精河
扎尔肯特
奥塔尔
卡普恰盖水库
霍城
伊宁市
伊宁
尼勒克
察布查尔锡伯自治县
巩留
塔拉兹
卢戈沃耶
比什凯克
阿拉木图
塔拉斯
伊塞克库尔
伊塞克湖
卡拉科尔
昭苏
特克斯
巴音郭
吉尔吉斯斯坦
松克尔湖
纳伦河
汗腾格里峰
托木尔峰
铁热克镇
拜城
库车
塔什库梅尔
纳曼干
乌兹别克斯坦
贾拉拉巴德
费尔干纳
奥什
纳伦
温宿
5团场
阿合奇
乌什
阿克苏市
新和
沙雅
哈拉奇乡
阿克苏地区
柯坪
阿恰勒乡
阿瓦提
4团场
阿拉尔市
吐尔尕特山口
托云乡
克孜勒苏柯尔克孜自治州
哈拉峻乡
三岔口镇
上游水库
阿图什市
乌恰
喀什市
图木舒克市
疏附
疏勒
伽师
伽师总场
巴楚
阿克陶
岳普湖
乌孜别里山口
英吉沙
45团场
喀什地区
麦盖提
布伦口乡
46团场
塔吉克斯坦
喀拉湖
喷赤河
慕士塔格山
莎车
塔什库尔干塔吉克自治县
泽普
叶城
塔里木盆地
塔克拉玛干
达里雅布依乡
安迪尔
和田地区
皮山
喀瓦克乡
塔瓦库勒乡
达布达尔乡
柯克亚乡
墨玉
洛浦
策勒
民丰
杜瓦镇
和田市
和田
于田
红其拉甫达坂
阿富汗
喀喇昆仑山
叶尔羌河
布亚乡
奴尔乡
阿羌乡
巴基斯坦
（巴基斯坦实际控制区）
乔戈里峰
格拉姆
印度河
克什米尔
昆仑山
赛杜
印巴停火线
（印度实际控制区）
76°
阿克赛钦湖
郭扎错
西藏

治区行政区划图

友谊峰
阿勒泰市
布尔津
哈巴河
吉木乃
北屯镇
福海
富蕴
青河
杜热乡
和什托洛盖镇
玛纳斯湖
古尔班通古特沙漠
150团场
昌吉回族自治州
五家渠市
呼图壁
玛纳斯
昌吉市
乌鲁木齐
乌鲁木齐市
米泉市
阜康市
吉木萨尔
奇台
木垒哈萨克自治县
巴里坤哈萨克自治县
三塘湖乡
淖毛湖镇
七角井镇
白石头乡
伊吾
哈密地区
五堡乡
哈密市
黄田农场
红星二牧场
南湖乡
雅满苏镇
星星峡镇
大河沿镇
鄯善火车站镇
鄯善
吐鲁番市
托克逊
艾丁湖
吐鲁番地区
库米什镇
和静
和硕
博湖
博斯腾湖
尉犁
孔雀河
31团场
32团场
33团场
34团场
大西海子水库
罗布泊
巴音郭楞蒙古自治州
台特玛湖
36团场
若羌
瓦石峡乡
依吞布拉克镇
阿尔金山
花土沟镇
阿牙克库木湖
祁曼塔格乡
阿其克库勒湖
鲸鱼湖
木孜塔格峰
库拉木勒克乡
振泉错
玛尔盖茶卡
勒斜武担湖
可可西里湖
乌兰乌拉湖
乌尔嘎马勒
陶勒包
科布多
乌里雅苏台
哈尔乌苏湖
哈尔湖
扎布汗河
蒙古
达里布
阿尔泰
汤希勒
阿尔泰山
察希林托勒
柳园镇
西湖乡
安西
玉门市
敦煌市
甘肃
阿克塞哈萨克族自治县
肃北蒙古族自治县
内蒙古自治区
大柴旦镇
察尔汗乡
乌图美仁乡
格尔木市
青海
92°
96°
88°
48°
44°
40°
36°

新和县地形图

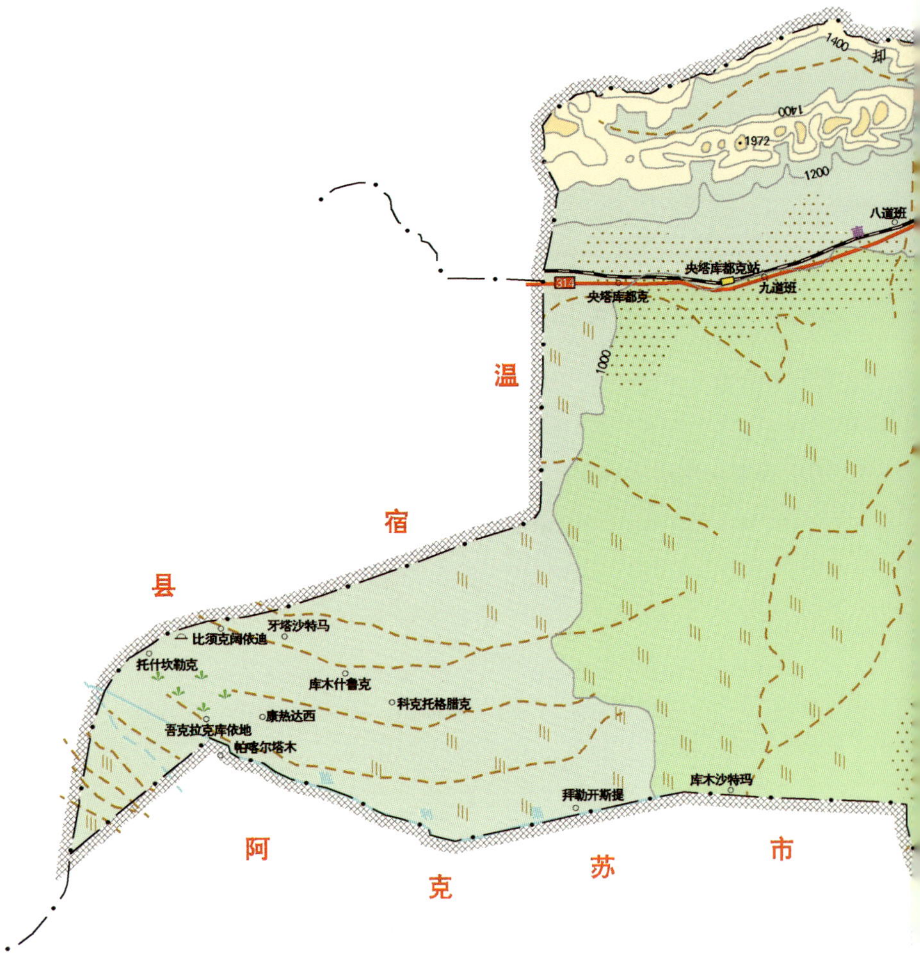

1400
却
1400
1972
1200
八道班
央塔库都克站
314
九道班
央塔库都克
1000
温
宿
县
牙塔沙特马
比须克阔依迪
托什坎勒克
库木什鲁克
科克托格腊克
康热达西
吾克拉克库依地
帕喀尔塔木
拜勒开斯提
库木沙特玛
阿
克
苏
市

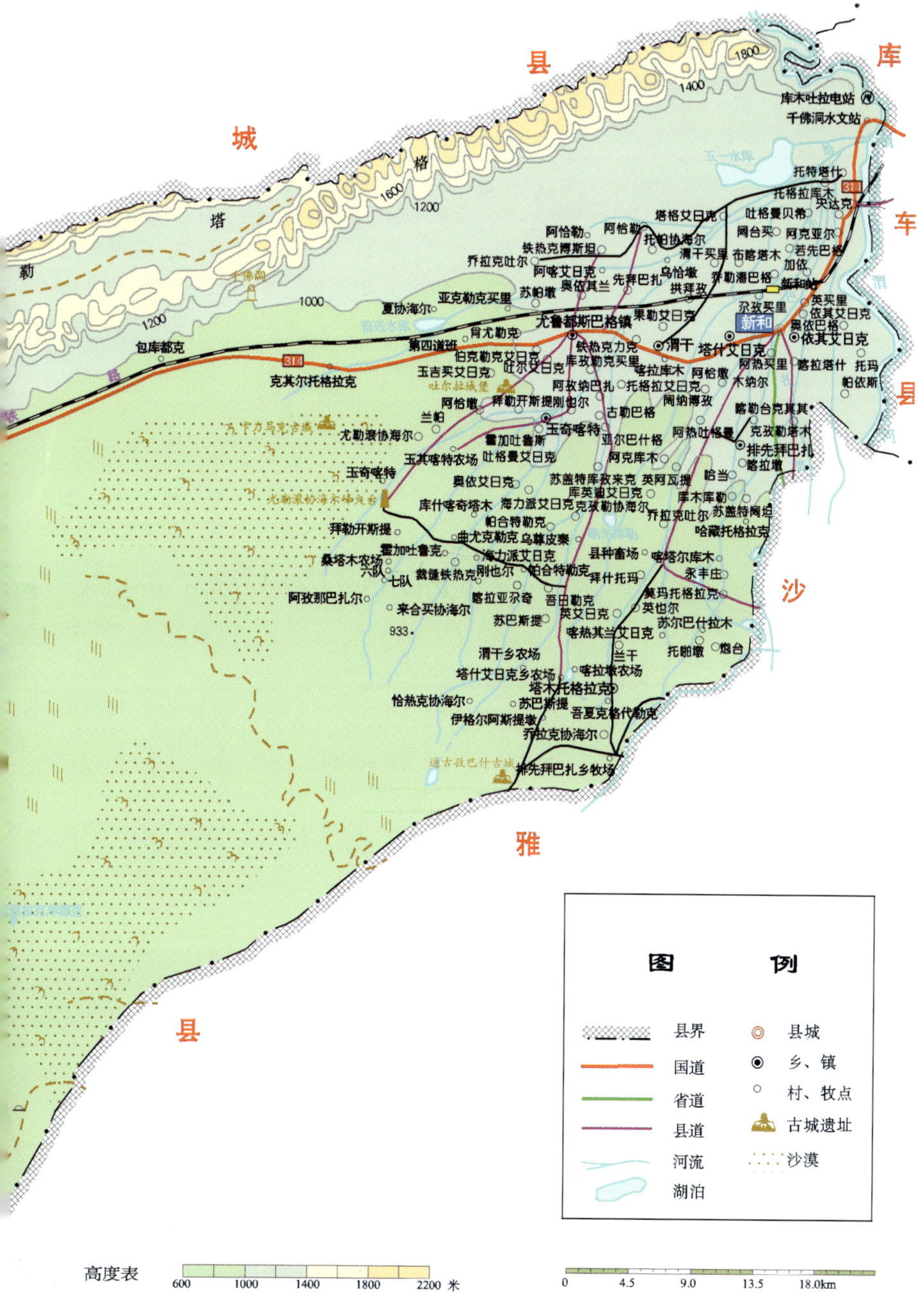

库车县
城
塔
勒
格
县
雅
沙
县
1800
1400
1600
1200
1000
1200
933
库木吐拉电站
千佛洞水文站
托特塔什
托格拉库木
吐格曼贝希
央达克
塔格艾日克
阿恰勒
阿恰勒
托帕协海尔
阔台买
阿克亚尔
铁热克博斯坦
渭干买里
布胳塔木
若先巴格
乔拉克吐尔
阿喀艾日克
乌恰墩
加依
奥依其兰
先拜巴扎
乔勒潘巴格
新和站
苏帕墩
拱拜孜
英买里
亚克勒克买里
果勒艾日克
尕孜买里
依其艾日克
夏协海尔
新和
奥依巴格
尤鲁都斯巴格镇
依其艾日克
包库都克
肖尤勒克
渭干
第四道班
铁热克力克
塔什艾日克
314
伯克勒克艾日克
库孜勒克买里
阿热买里
塔格塔什
托玛
玉吉买艾日克
吐尔艾日克
喀拉库木
阿恰墩
克其尔托格拉克
阿孜纳巴扎
托格拉艾日克
木纳尔
帕依斯
吐尔拉城堡
阔纳博孜
阿恰墩
拜勒开斯提刚也尔
古勒巴格
喀勒台克其其
兰帕
玉奇喀特
阿热吐格曼
克孜勒塔木
尤勒滚协海尔
霍加吐鲁斯
亚尔巴什格
排先拜巴扎
玉其喀特农场
吐格曼艾日克
阿克库木
喀拉墩
玉奇喀特
奥依艾日克
苏盖特库孜来克
英阿瓦提
哈当
库英迪艾日克
库木库勒
库什喀奇塔木
海力派艾日克克孜勒协海尔
乔拉克吐尔
苏盖特阔坦
帕合特勒克
拜勒开斯提
哈藏托格拉克
曲尤克勒克
乌鲁皮秦
霍加吐鲁克
县种畜场
喀塔尔库木
桑塔木农场
海力派艾日克
永丰庄
六队
戴镰铁热克
刚也尔
帕合特勒克
七队
拜什托玛
莫玛托格拉克
阿孜那巴扎尔
喀拉亚尔奇
吾田勒克
英也尔
来合买协海尔
英艾日克
苏巴斯提
苏尔巴什拉木
喀热其兰艾日克
托盼墩
炮台
渭干乡农场
兰干
喀拉墩农场
塔什艾日克乡农场
塔木托格拉克
恰热克协海尔
苏巴斯提
吾夏克格代勒克
伊格尔阿斯提墩
乔拉克协海尔
通古孜巴什古城
排先拜巴扎乡牧场
图例
县界
国道
省道
县道
河流
湖泊
县城
乡、镇
村、牧点
古城遗址
沙漠
高度表
600
1000
1400
1800
2200 米
0
4.5
9.0
13.5
18.0km